HILTL

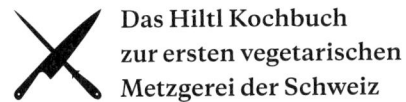
Das Hiltl Kochbuch
zur ersten vegetarischen
Metzgerei der Schweiz

MEAT THE GREEN

© 2015
Dieses Buch ist für den persönlichen Gebrauch bestimmt und darf ohne die schriftliche Genehmigung der Hiltl AG weder ganz noch teilweise übernommen, kopiert oder vervielfältigt werden.
—
AT Verlag, Aarau und München
—
Rezepte: Hiltl AG
Autor: Rolf Hiltl
Konzept: Rolf Hiltl, Marsha Lehmann, Amber Turgeman, Dorrit Türck
Rezepte: bearbeitet von Anna Schlatter und Dorrit Türck
Begleittexte: Dominik Flammer, www.publichistory.ch
Korrektorat: Ursula Klauser, www.bueroklauser.ch
Fotografie: Sylvan Müller, www.sylvanmueller.ch
Ausstattung und Foodstyling: Christian Splettstösser, www.dersplett.com
Styling Portraits: Karin Böhnke, www.karinboehnke.com
Maske: Barbara Grundmann-Roth, www.barbella.ch
Grafische Gestaltung: Stefan Haas, www.haasgrafik.ch
Bildbearbeitung: Simon Eugster, www.simoneugster.ch
Druck und Bindearbeiten: Firmengruppe APPL, aprinta druck, Wemding
Printed in Germany
—
ISBN: 978-3-03800-896-5

www.hiltl.ch

8	*Rolf Hiltl:* Vegi-Metzg – Sinn oder Unsinn?
10	# VORSPEISEN
36	*Bettina Weber:* Mir doch wurst, was Ihr esst
38	# HAUPTSPEISEN
76	*Stevan Paul:* Das Fleischmuseum
78	# SANDWICHES, SNACKS & SALATE
110	*Dominik Flammer:* Und ewig lockt die Beute
112	# GRILL & SAUCEN
132	# UNSER FLEISCH
140	# ANHANG
142	Glossar
152	Zutatenregister
156	Rezeptverzeichnis
158	Portrait Hiltl Vegi-Metzg

MIRANDA

30, Grafikerin, spielt Bassposaune und hat beim Rollerderby noch jeden Gegner geblockt

VEGI-METZG – SINN ODER UNSINN?

Historisch ist die Schweiz ein Land des Fleisches, der Würste und des Käses. Landauf und landab wird im Herbst die «Metzgete» gefeiert, Grillabende gehören quer durch alle Gesellschaftsschichten zur feierabendlichen Sommerroutine; der Duft nach grillierten Bratwürsten und Cervelats verkündet im Dorf das Grümpelturnier oder den Nationalfeiertag, und Fondue sowie Raclette sind der Inbegriff des familiären oder freundschaftlichen Zusammenseins während der Wintermonate. Das ist auch an mir nicht spurlos vorbeigegangen. Ging ich früher als Kind mit meiner Mutter in die Metzgerei, hatte auch ich Freude am geschenkten «Wursträdli». Und wenn ich im Sommer mit dem Velo in der Stadt unterwegs bin, lösen die Grillpartys entlang dem See oder der Limmat schöne Erinnerungen aus. So geht es wahrscheinlich vielen unserer Gäste, die sich heute vegetarisch oder vegan ernähren. Denn sosehr sie ihre Ernährungsweise lieben, werden wohl auch sie sich nicht vollständig von ihren kulinarischen Wurzeln entfernen können. Was liegt also näher, als ihnen Alternativen zu bieten, die sich an ihren kulinarischen Traditionen orientieren?
-

Genau das haben wir bei Hiltl mit der «Vegi-Metzg» gemacht, und die Reaktionen, die wir tagtäglich erleben, bestätigen uns, dass wir den richtigen Weg eingeschlagen haben. Kurz nach der Eröffnung unserer vegetarischen Metzgerei stand ein älteres Ehepaar vor der Theke. Der Mann mit strahlenden Augen, die Frau etwas nervös im Hintergrund. Sie drängte ihn, endlich etwas auszusuchen, wenn er schon so eine grosse Auswahl habe. Er liess sich aber nicht hetzen. Seit Jahren sei er – im Gegensatz zu ihr – Vegetarier, und wenn er schon mal die Möglichkeit habe, sich wieder einmal ein Cordon bleu oder eine Wurst zu gönnen, so dürfe er sich doch auch etwas Zeit lassen.

Auf die Idee, eine vegetarische Metzgerei zu eröffnen, kam ich auf einer Reise nach Schanghai. Wir sahen dort Stände, an denen Menschen Schlange standen, um ein Seitan-Spiessli, einen Tofu-Burger oder ein Tempeh-Schnitzel zu ergattern. Eine Selbstverständlichkeit in vielen asiatischen Ländern, in denen sich seit Jahrhunderten weit mehr Menschen vegetarisch ernähren als bei uns.
-

Dem Einfluss Asiens überhaupt dürfte es zu verdanken sein, dass heute unsere Produkte aus der vegetarischen und der veganen Küche auf so viel Anklang stossen. Mehr als sechzig Jahre nachdem meine Grossmutter die ersten Rezepte und exotischen Gewürze aus Indien mit nach Hause gebracht und in das Angebot vom Hiltl integriert hat, haben sich viele Menschen auch bei uns mit den Geschmäckern, den Aromen und insbesondere mit der vegetarischen Vielfalt der asiatischen Küche angefreundet. Das hat uns vieles erleichtert. Erinnern Sie sich noch an die Diskussionen über Soja und Tofu vor zwanzig Jahren? Lange gelang es diesem natürlichen und in Asien seit Jahrtausenden weitverbreiteten Grundnahrungsmittel nicht, aus der verstaubten Reformhausecke herauszukommen. Und heute ziehen selbst Karnivoren beim Thailänder gelegentlich ein Curry mit Tofu der Fleischvariante vor. Tofu gehört auch in der Grillsaison zu unseren Spitzenprodukten. Ob mariniert, am Spiessli oder als Wurst. Ein Kind, das sich vegetarisch ernährt, will sich auf der Schulreise wie seine Mitschüler gerne eine Wurst auf den Spiess stecken und nicht nur Zucchetti-Scheiben oder eine Kartoffel auf den Grill legen. So wollen auch Vegetarier und Veganer im Sommer in ihren Gärten ein Bier trinken und dazu den Geschmack von auf dem Feuer gebratenen und nach Rauchomen duftenden Leckereien geniessen.
-

Es dürfte sich herumgesprochen haben, dass ich selbst ein sogenannter Teilzeit-Vegetarier bin und mir gelegentlich – wenn auch immer seltener – ein Stück Fleisch oder Fisch gönne. Denn ich bin nicht vegetarisch aufgewachsen, wie wohl viele unserer Gäste. Und obwohl ich gemeinsam mit unserem Team mit viel Leidenschaft und Herzblut in der vegetarischen und veganen Gastronomie arbeite, sind wir nicht dogmatisch.

–

Obwohl ich eigentlich froh sein müsste, dass es immer weniger Metzgereien gibt, empfinde ich diese Entwicklung als Verlust. Auch wenn sich dadurch neue Chancen eröffnen und die Menschheit sich bewusster ernährt und weniger Fleisch verzehrt. Sie macht sich vermehrt Gedanken über Massentierhaltung, Antibiotikaeinsatz oder Tierquälerei. Dennoch war das Metzgereiensterben einer der Gründe, weshalb wir eine vegetarische Metzgerei eröffnet haben. Nicht nur wegen der Alternativen für Vegetarier oder Veganer, sondern auch, um eine Tradition weiter zu pflegen. Denn Metzgereien verkauften schon früher – wie auch heute noch – längst nicht nur Fleisch. Viele von ihnen waren immer auch Feinkostläden, in denen man Gewürze, Linsen, Sellerie- und Kartoffelsalate, Sauerkraut, hausgemachte Teigwaren oder auch in Olivenöl eingelegte, sonnengetrocknete Tomaten kaufen konnte.

–

Zugegeben, noch sind wir bei einigen Produkten nicht so weit, wie wir gerne wären. Viel Potential gibt es zum Beispiel bei den vegetarischen Würsten, wo die Vielfalt und Qualität noch nicht das ist, was sie einst sein wird. Dass im vegetarischen Segment auch «Crevetten» oder «Entenbrust» angeboten werden, mögen vorrübergehende Kuriositäten sein. Oder vielleicht eines Tages zur Normalität werden. Wer weiss? Denn die vegetarische Küche wird immer mehr unser Ernährungsverhalten beeinflussen und uns mit alten Traditionen versöhnen, die wir längst vergessen haben. Hülsenfrüchte sind nur ein Beispiel für früher beliebte und oft gegessene Lebensmittel, die lange nur noch ein Nischendasein fristeten. Fleisch bedeutete für unsere Vorfahren Luxus, weshalb sie Linsen, Kichererbsen oder Erbsen zusehends durch Schweinskotelett, Wiener Schnitzel oder Sauerbraten ersetzten. Doch in der heutigen Zeit, in welcher der grosse Teil der Tieraufzucht durchrationalisiert worden ist und ein Kilogramm Schweinefleisch billiger ist als ein Kilogramm Frischgemüse, ist es doch absurd, ein Stück Industriespeck oder ein Schnellmasthuhn aus dem Ladenregal für sieben Franken noch als Luxus zu bezeichnen.

–

Längst präsentieren auch Spitzenköche vegetarische Alternativen, ohne dass Gourmets die Nase darüber rümpfen: Heute findet man auch auf den Karten hochstehender Lokale Gemüsetatar, Steinpilz-Steaks oder zart gebackene Tofu-Schnitzel. Klassische Produkte, wie man sie auch in einer vegetarischen Metzgerei wie der unseren findet. Diese Entwicklung freut uns. Denn schon längst muss auch bei den Fleischtigern nicht mehr täglich Blut auf den Teller. Im Gegenteil: Ich bin überzeugt, der Fleischkonsum wird von der Regel wieder zur Ausnahme oder vom Alltag zum Luxus. Wie damals vor über hundert Jahren, als meine Urgrosseltern das Hiltl gründeten.

–

In diesem Sinne wünschen wir viel Spass beim Kochen mit gesundem Genuss!

Rolf Hiltl, Inhaber und Geschäftsführer
der Hiltl AG in vierter Generation

VORSPEISEN

HILTL TATAR

2 mittelgrosse Auberginen (350 g)
1 Schalotte (50 g)
50 g Essiggurken
50 g Kapern
50 g grüne Oliven, entsteint
10 g Randenpulver
300 g Okara
200 g Ketchup
1 TL Senf, mild
1 TL Paprika, edelsüss
10 g Rohzucker
5 Tropfen Tabasco
2 gestr. TL Kurkuma
Salz, Pfeffer aus der Mühle
wenig Kapern und Zwiebelringe zum Garnieren

Ofen auf 220 °C vorheizen.

Die ganzen Auberginen auf ein mit Backpapier belegtes Blech setzen, rundherum mehrmals mit der Gabel einstechen und bei 220 °C ca. 40-50 Minuten backen, bis die Haut der Auberginen schrumpelig ist. Die Auberginen dann auf dem Blech ca. 15 Minuten auskühlen lassen.

Währenddessen die Schalotte schälen und mit den Essiggurken, Kapern und Oliven grob hacken.

Die Auberginen halbieren, das Fruchtfleisch mit einem Löffel herauskratzen und in einem Sieb ca. 15 Minuten abtropfen lassen. Das Fruchtfleisch ausdrücken, in ein hohes Gefäss geben und das Randenpulver sorgfältig unterrühren. Dann mit dem Stabmixer pürieren.

Die Auberginenmasse in eine Schüssel füllen, alle übrigen Zutaten sorgfältig unterziehen und nach Geschmack mit Salz und Pfeffer abschmecken. Die Masse mit Anrichteringen als Tatar mittig auf den Tellern platzieren, mit einer Gabel das Streifenmuster auf das Tatar zeichnen und mit Kapern sowie Zwiebelringen garnieren. Original wird dazu frischer Toast serviert.

Tipp: Klassisch wird das Tatar mit wenig Cognac verfeinert. Wer mag, serviert es zusätzlich mit einem frischen Eigelb.

1 Stunde 45 Minuten (inkl. Backzeit) | 4 Portionen

Endlich lüften wir das lang gehütete Geheimrezept

AUBERGINEN-PICCATA

Die Aubergine in 0,5 cm dünne Scheiben schneiden, auf ein Backblech legen, beidseitig leicht salzen und 1 Stunde stehen lassen. Gut abtropfen und mit Küchenpapier trockentupfen.

Die Eier in einer Schüssel verschlagen. Den Käse und das Mehl mischen und unter die Eier rühren. Mit Paprika, Muskat, Salz und Pfeffer kräftig abschmecken.

Das Öl in einer Bratpfanne erhitzen. Die Auberginenscheiben portionsweise durch den Teig ziehen und im heissen Öl auf beiden Seiten in wenigen Minuten goldbraun braten. Auf Küchenpapier entfetten.

Je zwei Auberginen-Piccata pro Person mit einem Zitronenschnitz servieren. Dazu passt ein feiner Salat oder Spaghetti mit hausgemachter Tomatensauce (S. 62/63).

1 Aubergine
3 Eier
50 g Grana Padano, gerieben
50 g Mehl
1 Prise Paprika, edelsüss
1 Prise Muskatnuss
Salz, Pfeffer aus der Mühle
4 EL Olivenöl
1 Zitrone, Schnitze

Tipp: Dieses Rezept gelingt auch mit Pastinake, Fenchel, Spargel und Chicorée (letzteren über Nacht in Milch einweichen und anschliessend in Salzwasser weichgaren).

Vegi-Klassiker, der Gross und Klein begeistert

VEGI TONNATO

Für die Sauce den veganen Thunfisch in ein Sieb geben, leicht abspülen und gut ausdrücken, mit Küchenpapier trockentupfen. Die Masse von Hand auseinanderzupfen und mit den restlichen Zutaten für die Sauce in einem hohen Gefäss mit dem Mixstab zu einer homogenen Masse pürieren. Mit Salz und Pfeffer abschmecken.

Die Quornschnitzel der Länge nach in ganz dünne Scheiben schneiden und fächerartig auf vier Teller verteilen (2 Schnitzel pro Person). Die Zwiebel schälen und in feine Ringe schneiden. Die Zitrone schälen und in feine Scheibchen schneiden oder hobeln.

Die Sauce über den Quornscheiben verteilen und mit Zwiebelringen, Zitronenscheiben und Kapern garnieren.

Sauce:
240 g veganer Thunfisch
150 g vegane Reismayonnaise
100 g Nature-Joghurt
2 Zitronen, Saft
1 dl Wasser
Salz, Pfeffer aus der Mühle

8 Quornschnitzel à 60 g
1 rote Zwiebel
1 Zitrone
4 EL Kapern

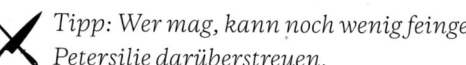
Tipp: Wer mag, kann noch wenig feingehackte Petersilie darüberstreuen.

Der Renner unter unseren Sommergerichten

FLAMMKUCHEN

Räucher-Marinade:
5 g Randenpulver
1 TL Paprika, edelsüss
2 g Räuchersalz
1 dl Gemüsebouillon
-
150 g Räuchertofu
-
Teig:
250 g Mehl
1 dl Olivenöl
1 dl kaltes Wasser
1 TL Salz
-
Belag:
200 g veganer Frischkäse
2 Zwiebeln
½ Zitrone, Saft
2 Zweige Thymian, abgezupfte Blätter
Pfeffer aus der Mühle

Für die Marinade das Randenpulver mit dem Paprika und dem Räuchersalz in einer Schüssel mit der Bouillon auflösen. Den Räuchertofu in kleine Würfel schneiden und mit der Bouillon vermischen. Abdecken und über Nacht im Kühlschrank marinieren lassen.

-

Den Ofen auf 220 °C vorheizen. Für den Teig das Mehl mit dem Olivenöl, Wasser und dem Salz in einer Schüssel zu einem glatten Teig verkneten und ca. 15 Minuten bei Zimmertemperatur ruhen lassen.

-

Den Flammkuchenteig auf wenig Mehl dünn zu einem Rechteck auswallen, auf ein mit Backpapier belegtes Blech legen und gleichmässig mit dem veganen Frischkäse bestreichen. Die Zwiebel schälen und in dünne Streifen schneiden. Die Räuchertofuwürfel abtropfen lassen, mit den Zwiebelstreifen auf dem Flammkuchen verteilen. Gleichmässig mit Zitronensaft beträufeln, dann die Thymianblätter darüberstreuen.

-

Den Flammkuchen im vorgeheizten Ofen bei 220 °C ca. 10 Minuten goldbraun backen. Mit frisch gemahlenem Pfeffer garnieren.

Tipp: Je nach Intensität des Räuchertofus und persönlichen Vorlieben muss er nicht über Nacht marinieren, sondern kann direkt verwendet werden. Das Randenpulver sorgt für die «speckige» Farbe des Räuchertofus, nimmt aber keinen Einfluss auf den Geschmack. Es kann auch weggelassen werden.

Schmeckt nicht nur im Elsass

NOIX GRAS MIT SÜLZE UND CHUTNEY

Sülze:
2,5 dl Gemüsebuillon
1 EL Balsamico bianco
0,5 dl Rotwein
1 Lorbeerblatt
je 1 Prise Rohzucker, Salz, Pfeffer aus der Mühle
3 g Agar-Agar
2 EL kaltes Wasser

-

Mango-Apfel-Chutney:
0,5 dl naturtrüber Most
3 EL Apfelessig
1 Zimtstange
¼ TL Koriander, gemahlen
1 Prise Kurkuma
1 Prise Cayennepfeffer
½ TL Ingwer, gemahlen
½ TL Rohzucker
1 Prise Salz
1 mittelgrosser Apfel
90 g Mangopulpe

-

1 Glas Noix Gras (150 g)

Für die Sülze die Bouillon mit Balsamico, Rotwein, Lorbeerblatt, Rohzucker, Salz und Pfeffer aufkochen und 5 Minuten ziehen lassen. Anschliessend absieben und wieder in den Topf geben. Das Agar-Agar in einer kleinen Schüssel mit dem kalten Wasser verrühren und mit dem Schwingbesen in die Sauce rühren. Die Flüssigkeit wieder aufkochen und ca. 3 Minuten köcheln lassen. Dann in eine flache Form giessen und kühl stellen, bis die Masse fest ist (ca. 30 Minuten). Anschliessend in kleine Würfelchen schneiden.

-

Währenddessen für das Chutney den Most mit dem Apfelessig, den Gewürzen, Zucker und Salz aufkochen. Gleichzeitig den Apfel schälen, vierteln, Kerngehäuse entfernen und in 1 cm grosse Würfel schneiden. Die Apfelwürfel sofort in den Sud geben und in ca. 5 Minuten weichkochen. Die Mangopulpe unterrühren, das Chutney in eine Schüssel füllen und abkühlen lassen.

-

Die Noix Gras aus dem Glas stürzen, in ca. 1,5 cm dicke Scheiben schneiden und mittig auf vier flachen Tellern platzieren. Das Mango-Apfel-Chutney und die Sülze-Würfelchen rundherum verteilen. Dazu passen ofenfrische Brioche (S. 22/23).

50 Minuten | 4 Portionen

Voller Genuss – ganz ohne Gans

BRIOCHE

700 g Mehl
1 Prise Salz
60 g Rohzucker
2 dl Milch
25 g frische Hefe
5 Eier
250 g Butter, in Flocken
wenig Rahm zum Bestreichen

Den Backofen auf 180 °C vorheizen.

Das Mehl mit dem Salz und 50 g vom Zucker in eine Schüssel geben und eine kleine Mulde in das Mehl drücken. Die Milch leicht erwärmen, die Hefe und die restlichen 10 g Zucker zugeben und auflösen. Die Hefemischung in die Mulde geben und ca. 15 Minuten gehen lassen.

Die Eier nach und nach beigeben und das Ganze mit der Hand oder dem elektrischen Handrührer verkneten. Portionsweise die Butter hinzugeben und so lange kneten, bis ein elastischer, glänzender Teig entsteht, der sich beim Kneten vom Schüsselrand löst. Den Teig 30 Minuten kühl stellen.

Die Brioche- oder Muffinförmchen ausbuttern und leicht mehlen. Den Grossteil des Teigs mit bemehlten Händen in golfballgrosse Bälle formen, den übrigen Teil des Teigs zurückbehalten und in kirschgrosse Kugeln formen. Die grossen Teigkugeln in die gefetteten Förmchen setzen und nochmals ca. 20 Minuten gehen lassen. Die kleinen Kugeln währenddessen ebenfalls gehen lassen.

Die aufgegangenen Brioches in den Förmchen jeweils in der Mitte mit dem Daumen leicht eindrücken, so dass eine Mulde entsteht, und die kleinen Kugeln jeweils dort hineinsetzen. So fallen sie beim Backen nicht herunter.

Die Brioches mit dem Rahm bestreichen und bei 180 °C ca. 15 Minuten im vorgeheizten Ofen goldbraun backen.

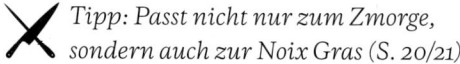 *Tipp: Passt nicht nur zum Zmorge, sondern auch zur Noix Gras (S. 20/21).*

QUICHE LORRAINE

Mürbeteig:
250 g Mehl
160 g eiskalte Butter oder Margarine, in Flocken
1 Prise Salz
4 EL kaltes Wasser
-
Füllung:
100 g Räuchertofu
2 Lauchstangen
2 EL Olivenöl
4 Eier
2,5 dl Rahm
Salz, Pfeffer aus der Mühle, Muskatnuss
-
Butter oder Margarine für die Form

Den Backofen auf 180 °C vorheizen.
-
Für den Mürbeteig das Mehl in eine Schüssel geben. Die Butterflocken mit dem Salz und Wasser hinzugeben und zuerst mit dem elektrischen Handrührer, dann mit den Händen schnell zu einem glatten Teig verkneten. Den Teig zu einer Kugel formen, in Frischhaltefolie wickeln und für 30 Minuten kaltstellen.
-
Währenddessen für die Füllung den Räuchertofu klein würfeln. Den Lauch längs halbieren, waschen und abtropfen, dann schräg in dünne Scheiben schneiden. Das Olivenöl in einer Pfanne erhitzen, den Lauch und Tofu darin gut anbraten, dann auf Küchenpapier entfetten.
-
Den Mürbeteig mit einem Wallholz auf einer leicht bemehlten Arbeitsfläche etwas grösser als die Form ausrollen. Dann in die gefettete Quicheform legen und gut festdrücken, dabei an allen Seiten einen kleinen Rand hochziehen.
-
Die Eier mit dem Rahm in einer Schüssel verrühren, Lauch und Tofu untermischen und mit Salz, Muskatnuss und Pfeffer kräftig abschmecken. Den Guss auf dem Teig in der Quicheform verteilen.
-
Die Quiche Lorraine bei 180 °C ca. 35 Minuten im Ofen goldbraun backen. Die Quiche schmeckt warm oder kalt. Dazu passt saisonaler Blattsalat oder Baby-Leaf-Salat.

CRAB CAKE

Den veganen Thunfisch in ein Sieb geben, leicht abspülen und gut ausdrücken, mit Küchenpapier trockentupfen.

Die Kartoffeln schälen, in kleine Würfel schneiden und im Salzwasser weichkochen. Das Wasser abschütten, die Kartoffelwürfel kurz im Topf ausdampfen lassen, dann mit einer Gabel oder dem Kartoffelstampfer zu Brei zerdrücken.

Die Petersilie waschen, trockenschütteln und fein hacken. Die Chilischote halbieren und ebenfalls fein hacken.

Die Petersilie, Chilischote und die restlichen Zutaten mit den Kartoffeln und dem Thunfisch in einer Schüssel mischen und gut verkneten. Kräftig mit Salz und Pfeffer würzen.

Aus der fertigen Masse mit angefeuchteten Händen vier gleichmässig grosse Burger formen.

Das Öl in einer Bratpfanne erhitzen und die Crab Cakes darin beidseitig bei mittlerer Hitze in wenigen Minuten goldbraun braten. Mit je einem Limettenschnitz garnieren. Dazu passt saisonaler Blattsalat, Sauce Tartar (S. 90/91) und Mango-Cocktailsauce (S. 114/115).

100 g veganer Thunfisch
100 g Kartoffeln, mehligkochend
¼ Bund Petersilie
1 kleine grüne Chilischote
1 Zitrone, Saft und Zesten
80 g Paniermehl
20 g Röstzwiebeln
150 g Okara
Salz, Pfeffer aus der Mühle
3 EL neutrales Pflanzenöl
1 Limette, Schnitze

Tipp: Anstelle von vier grossen Burgern zehn kleine formen und als Fingerfood servieren.

30 Minuten | 4 Cakes à 120 g

TOFU CEVICHE

Den Tofu in 1 cm kleine Würfel schneiden, in eine Schüssel geben und mit dem Salz einreiben. Ca. 10 Minuten ziehen lassen.

–

Währenddessen das Rapsöl mit dem Limettensaft und Zucker in einer Schüssel verrühren und mit Salz und Pfeffer abschmecken. Dann unter den Tofu mischen und zugedeckt über Nacht im Kühlschrank ziehen lassen.

–

Den weissen und den grünen Teil der Frühlingszwiebeln leicht schräg in feine Streifen schneiden. Die Gurke halbieren, entkernen und in 1 cm kleine Würfel schneiden. Die Peperoncini halbieren, entkernen und fein hacken. Den Koriander waschen, trockenschütteln und ebenfalls fein hacken.

–

Alles zum Tofu geben und vorsichtig untermischen. Vor dem Servieren nochmals mit Salz und Pfeffer abschmecken.

400 g Tofu
1 TL Salz
2 EL kaltgepresstes Rapsöl
2 Limetten, Saft
1 EL Rohzucker
Salz, Pfeffer aus der Mühle
2 Frühlingszwiebeln
150 g Gurke
1 Peperoncini
1 Bund Koriander

Erfrischendes Kultgericht aus Lateinamerika

PANKO-STICKS

Für die Marinade alle Zutaten in einer grossen Schüssel gut verrühren. Die Quornschnitzel längs dritteln, sorgfältig mit der Marinade in der Schüssel mischen und 10 Minuten ziehen lassen.

Für die Panade die Sojasauce mit den Eiern in einer Schüssel verrühren. Mehl und Panko-Mehl separat in je einer Schüssel bereitstellen.

Die marinierten Sticks rundum erst im Mehl, dann im Ei wenden und schliesslich von allen Seiten mit Panko-Mehl panieren. Jedes Mal darauf achten, dass die Sticks vollständig von der jeweiligen Zutat überzogen sind.

Die Hälfte des Öls in einem Topf erhitzen und die Hälfte der Panko-Sticks darin portionsweise rundum goldbraun braten, dann auf Küchenpapier entfetten. Das restliche Öl erhitzen und mit den übrigen Panko-Sticks ebenso verfahren. Dazu schmeckt die Mango-Cocktailsauce (S. 114/115).

Vegane Tofu-Marinade:
80 g Ketchup
25 g Dijon-Senf
20 g Sojasauce
1 Prise Cayennepfeffer
½ TL Madras-Curry
2 TL Salz
1 TL Rohzucker

5 Quornschnitzel á 60 g

Panade:
4 EL Sojasauce
2 Eier
80 g Weissmehl
150 g Panko-Mehl

1 dl neutrales Pflanzenöl

Tipp: Die vegane Tofu-Marinade ist unsere Allround-Marinade für das perfekte Aroma. Alternativ zum Quorn können auch Tofu, Tempeh oder blanchiertes Gemüse verwendet werden.

TOD MAN

Quornschnitzel in grobe Stücke schneiden und anschliessend im Mixer zerkleinern. Die Limette heiss abwaschen, abtrocknen, die Schale abreiben und mit der Currypaste, Sojasauce, Kokosmilch und dem Maizena zum Quorn in den Mixer geben und alles zusammen grob pürieren.

—

Die Masse in eine Schüssel geben. Den Koriander waschen, trockenschütteln, fein hacken und mit dem Ei untermengen. Mit Salz und Pfeffer würzen.

—

Das Öl in einer Bratpfanne erhitzen. Mit feuchten Händen kleine Küchlein formen, leicht plattdrücken und portionsweise in der Pfanne im heissen Öl von beiden Seiten in 5 Minuten goldbraun braten, dabei einmal wenden. Auf Küchenpapier entfetten.

—

Die Küchlein schmecken warm oder kalt. Dazu passt Sweet-Chili-Sauce (siehe S. 116/117).

6 Quornschnitzel à 60 g
1 Bio-Limette
½ TL grüne Currypaste (S. 66/67)
5 EL Sojasauce
2 EL Kokosmilch
2 TL Maizena
½ Bund Koriander
1 Ei
Salz, Pfeffer aus der Mühle
2 EL neutrales Pflanzenöl

Tipp: Diese Plätzchen sind typische thailändische Vorspeisen und werden in vielen Variationen zubereitet: Tod Man Pla (Fischplätzchen) oder Tod Man Khao phod (Maisplätzchen).

Wie beim Thailänder um die Ecke

BONUS

42, baut Iglus und geht beim Skate- und Snowboardfahren aufs Ganze

MIR DOCH WURST, WAS IHR ESST

Am schlimmsten war es einst, ausgerechnet, an einer Hochzeit. Die Frau, neben die ich platziert worden war, kannte ich nicht. Aber sie sah nicht nett aus. Und sie war es auch nicht. Eventuell war sie übellaunig, weil sie auch gerne geheiratet worden wäre, aber kein geeigneter Kandidat in Sicht war. Eventuell war sie auch gerade sitzengelassen worden, was mich noch naheliegender dünkte. Jedenfalls sass sie säuerlich neben mir, und irgendwann bekam sie mit, dass ich kein Fleisch esse.
-
Das erfuhr sie deshalb, weil mein vegetarisches Menu vergessen gegangen war und ich warten musste, als alle anderen am Tisch zu essen anfingen. Das ist eine Situation, die ich nicht mag. Weil sie mich outet. Ich mag aber nicht geoutet werden. Dass ich kein Fleisch esse, ist kein Geheimnis, ich mache keines daraus, aber es ist auch nicht etwas, das ich ungefragt mitteile. Weil es für mich nichts zu sagen gibt. Ich habe vor siebenundzwanzig Jahren beschlossen, auf Wiener Schnitzel und Konsorten zu verzichten, es ist für mich vollkommen normal, ich kenne es kaum mehr anders. Ja, mittlerweile ernähre ich mich schon doppelt so lange vegetarisch (was in meinem Fall heisst: auch kein Fisch), wie ich je welches gegessen habe. Ich denke daher nie darüber nach – Fleisch gehört nicht zu meinem Leben, so wenig, wie Zigaretten zum Leben eines Nichtrauchers gehören.
-
Die Frau fragte also, was alle immer fragen, wenn sie merken, dass ich ein Spezialmenu bekomme, nämlich: Bist du Vegetarierin? Und als ich nickte, legte sie sogleich nach: Wieso? Ich seufzte innerlich und sagte, was ich immer sage, seit siebenundzwanzig Jahren: Wegen der Tiere. Ich sage nicht: «Ich finde es moralisch verwerflich» oder «Wir haben nicht das Recht, andere Lebewesen zu töten» oder «Ich finde Tiertransporte grauenhaft, du nicht?», ich erwähne weder das Töten noch das Schlachten, ich rede nicht von Blut und Bolzenschüssen, ich bleibe allerhöflichstens und formuliere es so neutral wie möglich. Früher sagte ich sogar manchmal einfach, ich würde es nicht mögen, weil ich keine Lust hatte, darüber zu reden, und noch weniger, unfreiwillig zum Thema eines Tischgesprächs zu werden.
-
So, sagte die Frau streitlustig, und was wäre, wenn das alle machen würden? Woher käme dann die Milch? Was wäre mit den Eiern? Und trägst du Lederschuhe? Deine Tasche hier ist ja wohl aus Leder, ist das nicht inkonsequent? Ich wurde sehr müde, obschon es erst halb neun war, und überlegte einen Moment, ihr doch sämtliche Zahlen und Fakten um die Ohren zu hauen, es wäre mir grad so darum gewesen. Denn natürlich kann ich diese Fleisch-Diskussion im Schlaf führen, und, ja, gewachsen war mir dabei noch keiner. Ich mag mich vegetarisch ernähren und daher eine pazifistische Aura verströmen, aber man sollte mich nicht reizen.
-
Die Reaktionen auf das Vegetariertum – und zwar jetzt auf das Vegetariertum aus Überzeugung, und nicht auf dieses Hobby-Vegi-ich-bin-auch-ein-bisschen-grün-und-gesund-Ding – lassen sich nach meiner langjährigen Erfahrung grob gesagt in vier Gruppen einteilen, wobei der Kern stets derselbe ist: ein schlechtes Gewissen.
-
Am häufigsten sind die, die sofort versichern, sie würden nur selten Fleisch essen, und wenn, dann selbst-ver-ständ-lich nur Bio. Dabei gucken sie sehr betroffen. Mmh, mache ich darauf und finde sie blöd und verlogen. Die gehen mir mehr auf die Nerven, als es jedes Filet auf dem Teller vis-à-vis je könnte, denn wenn alle, die das behaupten, tatsächlich nur wenig und nur Bio-Fleisch essen

würden, da wäre der Fleischkonsum nicht leicht zunehmend, sondern nachgerade dramatisch rückläufig, und der Absatz der Öko-Cordons bleus würde nicht seit Jahren im einstelligen Bereich vor sich hindümpeln.

—

Dann gibt es die, meist Freunde, die aus Rücksicht ebenfalls vegetarisch essen, wenn sie mit mir im Restaurant sind, was mich sehr rührt, sie aber nicht müssten und eigentlich auch wissen. Die dritte Gruppe besteht aus jenen, die, sobald sie mitbekommen haben, dass ich kein Fleisch esse, fragen, ob es mich störe, wenn sie welches bestellten, was mich ebenfalls sehr rührt, weil ich es aufmerksam finde. Sie lassen sich ihre Erleichterung in der Regel nicht anmerken, bestellen dann aber meist irgendwas Hardcore-Artiges.

—

Und dann gibt es eben die, die das irgendwie angriffig macht und die einem blöd kommen. Die nicht defensiv reagieren, sondern aggressiv. Vermutlich hat das damit zu tun, dass der Vegi als Vorwurf empfunden wird, als Menetekel, als erhobener Zeigefinger sozusagen. Allein seine Präsenz erinnert daran, dass Fleisch halt nicht ist wie andere Lebensmittel, sondern in erster Linie, nun ja, tot. Und das Töten ist ein einigermassen unsympathischer Akt; deshalb wird niemand gern daran erinnert, und das nehmen sie einem übel und prügeln auf einen ein, obschon ich ja nun wirklich nichts für diesen Zusammenhang kann. Übertragung oder irgendwie so heisst das in der Psychologie. Am liebsten sind mir deshalb die, die einen anstrahlen und sagen, ah, das könnte ich nie, ich liiiiebe Fleisch, und ungerührt und fröhlich ihr besonders blutiges Steak reinhauen. Tiptope Sache, aber diese fünfte Gruppe ist selten.

—

Mir ist es wurst, was mein Gegenüber isst. Mein Mann ernährt sich beinahe ausschliesslich von Fleisch, und es kümmert mich nicht. Ausser einmal, da bestellte er im Elsass ein Eisbein, und ich, die ich keinerlei Ahnung hatte, was da auf mich zukommt, lächelte zunächst freundlich und brachte dann meinen Flammkuchen nicht runter, weil dieses Ding auf seinem Teller nun wirklich grauslig aussah und noch grausliger roch. Ich sagte, das geht nicht, dieses Eisbein da schmälert jetzt doch gar arg meine Liebe, tu das weg, sofort, was er nicht tat, worauf es in den nächsten Stunden zu Spannungen kam. Das ist jetzt sieben Jahre her, und überhaupt kam er noch gut davon; in meinen Teenagerjahren habe ich meine Freunde nicht mal geküsst, wenn sie Fleisch gegessen haben, das fanden die aber irgendwie gut, jedenfalls hatte ich immer einen Freund. Überhaupt war ich damals recht rabiat – andere mochten gegen Atomstrom sein und gegen das Waldsterben, ich war gegen das Fleischessen und gefürchtet in meinem Furor. Das ist aber mittlerweile zwanzig Jahre her, ich bin altersmilde geworden, und das Missionarische liegt mir fern. Obschon man damit ja eine Menge Geld verdienen könnte, so eine Vegi-Sekte wäre bestimmt einträglich: Wir würden alle weisse Gewänder tragen und Blumen im Haar und so entrückt über dem Boden schweben in goldenen Sandalen, das Geld würde nur so sprudeln und ich müsste nie mehr arbeiten gehen. Aber ich tauge nicht als Guru, und überhaupt interessiert mich das Bekehren als solches zu wenig.

—

Und deshalb mag ich nicht darüber reden, was ich esse, beziehungsweise eben nicht esse, mag ich vor allem an Anlässen nicht in Diskussionen darüber verwickelt werden – ich möchte mich weder erklären noch rechtfertigen müssen, ich möchte mich einfach ungestört meinem vegetarischen Menu widmen und gepflegten Smalltalk betreiben.

—

Das alles musste ich dann der Frau nicht erklären. Wir waren ja an einer Hochzeit, und einer der Brautpaarväter hielt eine derart grauenvolle Rede, dass das Gesprächsthema danach ein anderes war. Irgendwie bedauerte ich das ein wenig, weil dieser Frau hätte ich doch gerne die Knöpfe eingetan.

Bettina Weber ist Leiterin des Ressorts Gesellschaft von «Sonntags-Zeitung» und «Tages-Anzeiger» und seit siebenundzwanzig Jahren Vegetarierin.

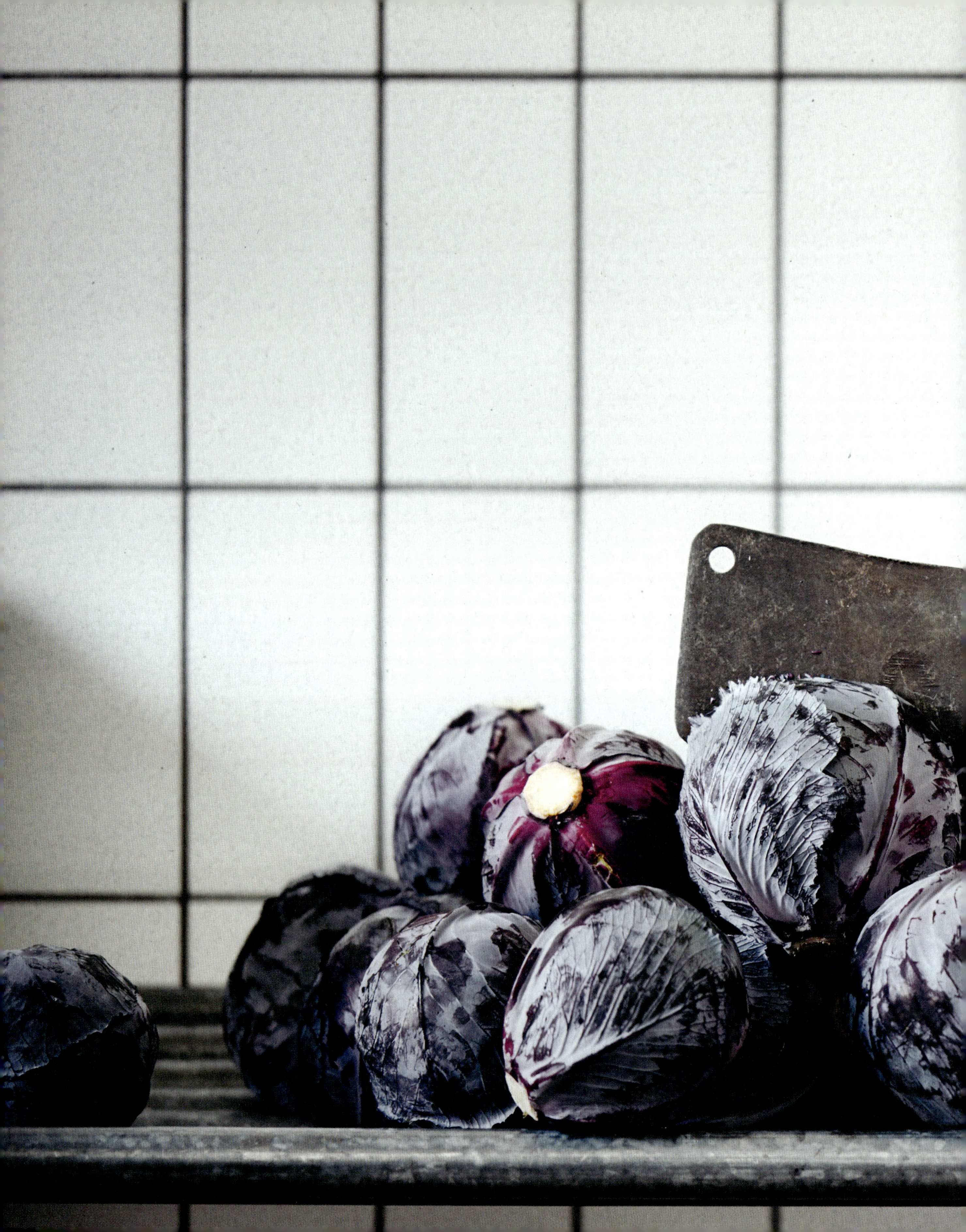

HAUPTSPEISEN

GEHACKTES MIT HÖRNLI

Bolognese-Sauce:
100 g Knollensellerie
1 Karotte
1 Zwiebel
1 Knoblauchzehe
je 2 Zweige Basilikum, Rosmarin, Oregano und Majoran
2 EL Olivenöl
200 g Sojahack
3 EL Tomatenpüree
1 dl Rotwein
400 g gehackte Tomaten (frisch oder aus der Dose)
4 dl Gemüsebouillon
½ TL Rohzucker
1 Prise Muskatnuss
Salz, Pfeffer aus der Mühle
-
Apfelmus:
1 Zitrone
4 Äpfel
1 dl Wasser
4 EL Rohzucker
1 TL Zimt, gemahlen
-
400 g vegane Hörnli

Für die Sauce Knollensellerie, Karotte, Zwiebel und Knoblauchzehe schälen, Karotte und Sellerie in kleine Würfel schneiden, Zwiebeln und Knoblauch fein hacken. Die Kräuter waschen, trockenschütteln und ebenfalls fein hacken.

Das Öl in einem Topf erhitzen, das Sojahack dazugeben und unter regelmässigem Wenden gut anbraten. Das Gemüse dazugeben und kurz mitbraten. Das Tomatenpüree unterrühren und weitere 2 Minuten braten. Mit dem Rotwein ablöschen, gehackte Tomaten beigeben, Kräuter, Zucker und Gewürze unterrühren und mit der Bouillon auffüllen. Die Sauce aufkochen und 15-30 Minuten bei mittlerer Hitze köcheln lassen.

Währenddessen für das Apfelmus die Zitrone auspressen, den Saft auffangen und in eine Schüssel füllen. Die Äpfel schälen, entkernen und in Würfel schneiden. Dann mit dem Zitronensaft in der Schüssel mischen.

Das Wasser in einem Topf aufkochen. Dann die Apfelwürfel mit dem Zitronensaft, Zucker und Zimt hinzufügen. Die Apfelwürfel in 10-15 Minuten bei mittlerer Hitze weichkochen, dann mit einem Mixstab bis zur gewünschten Konsistenz pürieren.

Während die Äpfel köcheln, die Hörnli nach Packungsanleitung in reichlich leicht gesalzenem Wasser al dente kochen. Dann abgiessen.

Die Bolognese-Sauce mit Salz und Pfeffer abschmecken und mit den Hörnli und dem Apfelmus servieren.

Der Hiltl-Alpenklassiker

CORDON BLEU

Füllung:
4 runde Scheiben Seitan, 0,5 mm dünn, ca. 20 cm Ø
1 × Rezept vegane Tofu-Marinade (S. 30/31)
4 rechteckige Scheiben Räuchertofu à 20 g
4 rechteckige Scheiben rezenter Käse à 60 g

—

Panade:
50 g Mehl
100 g Paniermehl
2 Eier

—

2 dl neutrales Pflanzenöl
1 Zitrone, Schnitze

Die Seitanscheiben nebeneinander auf ein grosses Blech oder Schneidbrett legen und auf der Oberseite jeweils mit der Hälfte der Marinade bepinseln.

—

Auf jede Seitanscheibe mittig eine Räuchertofuscheibe und darauf eine Käsescheibe legen. Die Seitanscheiben jeweils von oben und unten über der Füllung zusammenklappen und rundherum mit der restlichen Marinade bestreichen.

—

Das Mehl und Paniermehl separat in je eine Gratinform oder einen grossen, tiefen Teller geben. Die Eier in einem weiteren Teller aufschlagen und verquirlen.

—

Die Seitantaschen nun gleichmässig zuerst im Mehl wenden, dann im Ei und schliesslich sorgfältig runderhum im Paniermehl wenden. Jedes Mal darauf achten, dass die Cordons bleus vollständig von der jeweiligen Zutat überzogen und überall mit Panade bedeckt sind.

—

Zwei Bratpfannen erhitzen und je 1 dl Öl hineingeben. Je zwei Cordons bleus in eine Bratpfanne geben und in ca. 10 Minuten goldbraun ausbacken, dabei nach 5 Minuten wenden. Die Cordons bleus herausnehmen, kurz auf Küchenpapier entfetten und sofort servieren. Mit einem Zitronenschnitz garnieren.

—

Dazu schmecken Pommes allumettes, Saisongemüse oder Salat.

Tipp: Für dieses Rezept wird Seitan am Stück benötigt, um daraus die grossen Scheiben schneiden zu können.

Der «fleischgewordene» Traum jeden Mannes

ZÜRI GESCHNETZELTES

Die Champignons putzen und blättrig schneiden. Die Zwiebel schälen und fein hacken. Das Seitan in sehr dünne Streifen schneiden oder hobeln.

Zwei Esslöffel Olivenöl in einer Bratpfanne erhitzen und die Seitanstreifen darin kräftig anbraten, in eine Schüssel geben und beiseite stellen. Das übrige Öl in die Pfanne geben und die gehackten Zwiebeln darin bei mittlerer Hitze anbraten - sie sollen Farbe annehmen, aber nicht verbrennen. Dann die Pilze beifügen und mitbraten.

Mit dem Weisswein und dem Cognac ablöschen, unter Rühren einkochen lassen. Die Rotweinsauce und vegane Saucencrème dazugeben und zur gewünschten Konsistenz einkochen.

Zum Schluss das angebratene Seitan dazugeben, mit Salz, Pfeffer und dem Zitronensaft abschmecken. Die Petersilie waschen, trockenschütteln und fein hacken. Als Garnitur darüberstreuen. Wir servieren dazu unsere beliebte Rösti.

400 g Champignons
1 Zwiebel
500 g Seitan
3 EL Olivenöl
2 dl Weisswein
1 Schuss Cognac
2,5 dl Rotweinsauce (S. 50/51)
3 dl vegane Saucencrème
Salz, Pfeffer aus der Mühle
1 Zitrone, Saft
2 Zweige Petersilie

Tipp: Je länger die Pilzsauce einkochen kann, desto feiner schmeckt sie.

50 Minuten | 4 Portionen

So gut wie im Zunfthaus

KÖTTBULLAR

Hackbällchen:
75 g altbackenes Weissbrot
4 Eier
0,5 dl Milch
20 g Randenpulver
½ Bund Petersilie
1 kleine Zwiebel
3 EL Öl
1 Prise Nelken, gemahlen
1 Lorbeerblatt
250 g Sojahack
100 g Okara
100 g Butter
1 TL Hiltl Bouillonpulver
75 g Paniermehl
Pfeffer
–

Apfel-Preiselbeeren:
1 mittelgrosser Apfel
50 g Preiselbeer-Gelee (Glas)
3 EL Wasser
–

Pilzsauce:
300 g Champignons
1 Zwiebel
1 EL Olivenöl
2 dl Weisswein
1 Schuss Cognac
2 dl Rotweinsauce (S. 50/51)
3 dl vegane Saucencrème
Salz, Pfeffer aus der Mühle
1 Prise Muskatnuss

Für die Hackbällchen das Brot in kleine Würfel schneiden und in eine grosse Schüssel geben. Die Eier mit der Milch und dem Randenpulver in einem hohen Gefäss mit dem Stabmixer pürieren, dann mit dem Brot mischen und ca. 10 Minuten einweichen.
–

⏱ 1 Stunde 30 Minuten (inkl. Einweichzeit) |
4 Portionen

Währenddessen die Petersilie waschen, trockenschütteln und fein hacken. Die Zwiebel schälen und klein würfeln. Einen Esslöffel des Öls in einer Bratpfanne erhitzen und die Zwiebeln darin zusammen mit dem Nelkenpulver und dem Lorbeerblatt einige Minuten anschwitzen. Das Lorbeerblatt entfernen, Sojahack, Okara und die gehackte Petersilie untermischen und alles gut miteinander vermengen. Die Pfanne vom Herd ziehen. Die Butter in einer separaten Pfanne bei geringer Hitze schmelzen, das Bouillonpulver beigeben und darin auflösen.
–

Das eingeweichte Brot mit den Fingern gut zerquetschen, die Sojahackmischung, die geschmolzene Butter sowie das Paniermehl dazugeben und alles sorgfältig mit den Händen zu einer homogenen Masse vermischen. Kräftig mit Pfeffer abschmecken und die Masse zugedeckt kühl stellen.
–

Für die Apfel-Preiselbeeren den Apfel schälen und vierteln, das Kerngehäuse entfernen und den Apfel in dünne Scheiben schneiden. Die Apfelscheiben mit dem Preiselbeer-Gelee und dem Wasser in einen Topf geben und kurz aufkochen. Nach Geschmack noch mit wenig Rohzucker süssen. Abkühlen lassen.
–

Für die Pilzsauce die Champignons putzen und blättrig schneiden. Die Zwiebel schälen und fein hacken. Das Öl in einem Topf erhitzen und die gehackten Zwiebeln darin bei mittlerer Hitze anbraten – sie sollen Farbe annehmen, aber nicht verbrennen. Die Pilze beifügen und 2–3 Minuten mitbraten. Mit Weisswein und Cognac ablöschen und unter Rühren etwas einkochen lassen. Die Rotweinsauce und vegane Saucencrème unterrühren, alles mit dem Stabmixer pürieren und bis zur gewünschten Konsistenz einkochen lassen.
–

Den Hackbällchen-Teig aus dem Kühlschrank nehmen und daraus mit feuchten Händen ca. 50 Pingpongball-grosse Bällchen formen. Die übrigen zwei Esslöffel Öl in einer Bratpfanne erhitzen und die Hackbällchen darin bei hoher Hitze portionsweise kräftig anbraten.
–

Dann zu der Pilzsauce geben, nochmals erwärmen und mit Salz und Pfeffer abschmecken. Die Köttbullar mit den Apfel-Preiselbeeren anrichten. Dazu passt Kartoffelstampf (S. 52/53).

Alter Schwede, schmeckt das fein

BŒUF BOURGUIGNON

Die Zwiebeln, Karotten und den Sellerie schälen und alles in ca. 1 cm kleine Würfel schneiden. Einen Esslöffel Öl in einer Bratpfanne erhitzen. Das vegane Rindsfilet in feine Streifen schneiden und im heissen Öl von allen Seiten goldbraun anbraten, aus der Pfanne nehmen und zur Seite stellen.

Das übrige Öl in der gleichen Pfanne erhitzen. Das gewürfelte Gemüse hinzugeben und bei mittlerer Hitze glasigdünsten. Mit Rotwein ablöschen und ca. 5 Minuten einköcheln lassen. Die Rotweinsauce beigeben und 15 Minuten köcheln lassen, bis das Gemüse weich ist.

Die Silberzwiebeln abgiessen und abspülen, dann hinzufügen und das Gericht nochmals erwärmen.

Die Petersilie waschen, trockenschütteln und fein hacken. Das Bourguignon mit Salz, Pfeffer und Paprika abschmecken und mit der gehackten Petersilie garnieren. Dazu passen Kartoffelstampf, Gschwellti oder feine Nudeln.

2 Zwiebeln
2 Karotten
150 g Knollensellerie
300 g veganes Rindsfilet
2 EL Olivenöl
4 dl Rotwein
5 dl Rotweinsauce (S. 50/51)
100 g Silberzwiebeln (aus dem Glas)
2 Zweige Petersilie
Salz, Pfeffer aus der Mühle, Paprika, edelsüss

Tipp: Statt veganem Rindsfilet passen auch Seitan oder Quorn sehr gut.

50 Minuten | 4 Portionen

Schmeckt wie das Original

ROTWEINSAUCE

Die Karotten und den Sellerie schälen und alles in kleine Würfel schneiden. Die Zwiebel schälen und fein hacken. Das Öl in einem Topf erhitzen und das Gemüse darin bei mittlerer bis hoher Hitze rundherum sehr gut anbraten – es darf leicht braun werden.

Das Tomatenpüree, die Kräuter, Gewürze und den Zucker unterrühren und nochmals gut anbraten. Den Rotwein beifügen und 1 Stunde köcheln lassen, bis die Sauce auf 5 dl reduziert ist.

Die Rotweinsauce durch ein Sieb passieren und wieder in den Topf zurückgeben. Die Bouillon hinzugeben, aufkochen und nochmals 20 Minuten köcheln lassen, bis die Sauce auf 9 dl reduziert ist. Mit Salz und Pfeffer abschmecken.

2 kleine Karotten
100 g Knollensellerie
1 Zwiebel
1 EL Olivenöl
30 g Tomatenpüree
je 1 Zweig Majoran, Oregano, Thymian, Rosmarin
1 Nelke
2 Lorbeerblätter
1 TL schwarze Pfefferkörner
2 TL Rohzucker
1 l Rotwein
1 l Gemüsebouillon
Salz, Pfeffer aus der Mühle

Tipp: Die Rotweinsauce ist heiss abgefüllt und verschlossen im Schraubglas 1 Woche im Kühlschrank haltbar. Sie lässt sich auch prima einfrieren.

Unsere Basis für unzählige Lieblingsgerichte

HILTL HACKBRATEN

Braten:
150 g altbackenes Brot
8 Eier
1 dl Milch
10 g Randenpulver
1 Bund Petersilie
1 mittelgrosse Zwiebel
2 EL Olivenöl
1 Msp. Nelken, gemahlen
2 Lorbeerblätter
400 g Sojahack
100 g Okara
200 g Butter
2 TL Hiltl Bouillonpulver
100 g Paniermehl
Pfeffer aus der Mühle
-
Kartoffelstampf:
600 g geschälte Kartoffeln, vorwiegend mehligkochend
2 dl Sojamilch
100 g Margarine
2 TL Salz
¼ TL Muskatnuss, gerieben
-
5 dl Rotweinsauce (S. 50/51)

Den Ofen auf 170 °C vorheizen.
-
Das Brot in kleine Würfel schneiden und in eine grosse Schüssel geben. Die Eier mit der Milch und dem Randenpulver in einem hohen Gefäss mit dem Stabmixer pürieren, dann mit dem Brot mischen und ca. 10 Minuten einweichen.
-
Die Petersilie waschen, trockenschütteln und fein hacken. Die Zwiebel schälen und klein würfeln. Das Öl in einer Bratpfanne erhitzen und die Zwiebeln darin zusammen mit den gemahlenen Nelken und den Lorbeerblättern einige Minuten anschwitzen. Die Lorbeerblätter entfernen und das Sojahack, Okara und die gehackte Petersilie untermischen und alles gut miteinander vermengen. Die Pfanne vom Herd ziehen.
-
Die Butter in einer Bratpfanne bei geringer Hitze schmelzen, das Bouillonpulver beigeben und darin auflösen.
-
Das eingeweichte Brot mit den Fingern gut zerquetschen, die Sojahackmischung, die geschmolzene Butter sowie das Paniermehl hinzugeben und alles sorgfältig mit den Händen zu einer homogenen Masse vermischen. Kräftig mit Pfeffer abschmecken und die Masse 1 Stunde kühl stellen.
-
Die gekühlte Masse in eine eingefettete Kastenform füllen und bei 170 °C in der Mitte des Ofens ca. 40 Minuten backen.
-
Währenddessen den Kartoffelstampf zubereiten. Dafür die Margarine und die Sojamilch in einem Topf erhitzen. Die Kartoffeln schälen, in kleine Würfel schneiden und in einem zweiten Topf im siedenden Salzwasser ca. 25 Minuten weichkochen. Das Wasser abgiessen, die erwärmte Margarine-Sojamilch-Mischung hinzugeben und sorgfältig unterrühren bzw. verstampfen. Mit Salz und Muskat abschmecken.
-
Den Hackbraten aus dem Ofen nehmen, kurz abkühlen lassen, dann auf ein Schneidebrett stürzen. In Scheiben schneiden und mit Kartoffelstampf und Rotweinsauce servieren. Dazu passt blanchiertes oder gedämpftes Gemüse wie grüne Bohnen, Broccoliröschen oder Erbsen-Karotten-Gemüse. Als Garnitur eignen sich gehackte Petersilie sowie Mandelblättchen.

Der perfekte Sonntagsbraten

HILTL BURGER

Patty:
4 EL Olivenöl
1 Schalotte
200 g Sojahack
80 g Okara
70 g Paniermehl
15 g Röstzwiebeln
½ Bund Petersilie
30 g Butter
3 g Randenpulver
2 Prisen Räuchersalz
1 Ei
1 Eigelb
Salz, Pfeffer aus der Mühle
-
Coleslaw:
65 g Reismayonnaise
1 EL Apfelessig
1 TL Rohzucker
70 g Karotten
100 g Weisskabis
5 g frischer Meerrettich
Salz, Pfeffer aus der Mühle
-
4 Burgerbrötchen
4 EL Cocktailsauce (S. 82/83)
4 grosse Salatblätter (z.B. Frisée-Salat)
4 Tomatenscheiben
2 Essiggurken, in Scheiben

Für die Patties 1 EL vom Öl in einer Bratpfanne erhitzen. Die Schalotte schälen, fein hacken und im heissen Öl goldbraun anrösten. Dann mit dem Sojahack, Okara, Paniermehl und den Röstzwiebeln in einer Schüssel mischen. Die Petersilie waschen, trockenschütteln, fein hacken und unter die Burger-Masse mischen.
-
Die Butter bei geringer Hitze in einer Bratpfanne schmelzen, dann mit dem Randenpulver, Räuchersalz, Ei und Eigelb in ein hohes Gefäss geben und mit dem Mixstab pürieren, bis alles eine gleichmässige Masse ergibt. Zu den Zutaten in der Schüssel geben und alles sorgfältig mit den Händen zu einer homogenen Masse vermischen. Kräftig mit Salz und Pfeffer abschmecken und die Masse ca. 30 Minuten kaltstellen.
-
Währenddessen für den Coleslaw die Reismayonnaise mit dem Apfelessig und Zucker in einer Schüssel verrühren. Die Karotten schälen und mit der Röstiraffel direkt in die Sauce reiben. Den Kabis mit dem Gemüsehobel ebenfalls direkt in die Sauce reiben oder mit einem Messer in möglichst feine Streifen schneiden. Den Meerrettich schälen und mit einer sehr feinen Reibe in die Sauce raffeln. Alles gut mischen, mit Salz und Pfeffer abschmecken und ca. 15 Minuten ziehen lassen.
-
Aus der gekühlten Burger-Masse mit leicht befeuchteten Händen vier gleichgrosse Patties formen. Die restlichen 3 EL Öl in einer Grillpfanne erhitzen und die Burger darin von beiden Seiten in wenigen Minuten goldbraun anbraten.
-
Die Burger-Brötchen in der Grillpfanne oder auf dem Grill kurz anrösten, dann alle Hälften dünn mit Cocktailsauce bestreichen. Auf die unteren Hälften je ein Salatblatt, eine Tomatenscheibe und zwei Essiggurkenscheiben legen. Die Patties darauflegen und den Coleslaw darüber verteilen. Die oberen Brötchenhälften draufsetzen und sofort servieren. Dazu passen Country Fries.

Tipp: Wer gerne Vegi-Burger auf Vorrat haben möchte, kann die Patties auch sehr gut einfrieren.

Unser Gourmet-Burger

SPAGHETTI CARBONARA

Den Räuchertofu in kleine Würfel schneiden, die Zwiebel schälen und fein hacken.

Das Öl in einer Bratpfanne erhitzen. Den Räuchertofu beigeben und bei mittlerer Hitze knusprig anbraten. Die Zwiebel beigeben und kurz mitbraten. Die Pfanne vom Herd nehmen.

Die Spaghetti nach Packungsanleitung in reichlich leicht gesalzenem Wasser al dente kochen.

Währenddessen den Grana Padano fein reiben. Die Eier trennen und die Eigelbe in einer Schüssel mit der Bouillon, dem Rahm und dem Parmesan gut verrühren, kräftig salzen und pfeffern.

Die al dente gekochten Nudeln abgiessen, zum Räuchertofu in die Bratpfanne geben und sorgfältig untermischen. Dann die Eimischung darübergiessen. Bei schwacher Hitze ca. 3 Minuten heiss werden lassen, so dass eine sämige Sauce entsteht. Dabei gelegentlich umrühren. Mit Salz und Pfeffer abschmecken und sofort servieren. Wer mag, mischt zusätzlich noch eine Handvoll blanchierte grüne Erbsen darunter.

90 g Räuchertofu
1 Zwiebel
1 EL Olivenöl
400 g Spaghetti
4 Eier
60 g Grana Padano
4 dl Gemüsebouillon
4 dl Rahm
Salz, Pfeffer aus der Mühle

Tipp: Mit veganer Saucencrème anstatt Rahm, Mandelmus anstatt Eigelb und veganem Streukäse anstatt Grana Padano schmeckt die Carbonara-Sauce auch vegan sehr fein.

30 Minuten | 4 Portionen

Im italienischen Genusshimmel

STROGANOFF

Das Seitan in sehr dünne Streifen schneiden oder hobeln. Die Pilze putzen und vierteln. Bei den Shiitake-Pilzen die zähen Stiele entfernen. Peperoni und Essiggurken in Streifen schneiden, die Zwiebel fein hacken.

Das Öl erhitzen, das Seitan und die Pilze darin nacheinander portionsweise kräftig anbraten. Anschliessend das angebratene Seitan und die angebratenen Pilze zusammen in die Pfanne geben, mit Cognac ablöschen und kurz köcheln lassen, bis der Cognac eingekocht ist. Die Peperoni, Essiggurken und Zwiebeln beifügen und mitdünsten. Dann mit Paprika und Chilipulver würzen und mit dem Rotwein ablöschen. Die Flüssigkeit während 5 Minuten etwas einkochen lassen.

Die Bouillon und vegane Saucencrème dazugeben und zur gewünschten Konsistenz einkochen, mit Salz und Pfeffer abschmecken.

Den Schnittlauch fein hacken und mit einem Klecks veganer Schlagcrème oder veganem Frischkäse auf dem Stroganoff anrichten. Dazu passen Rösti, Naturreis oder feine Nudeln.

250 g Seitan
100 g braune Champignons
100 g Shiitake-Pilze
100 g Austernpilze
2 rote Peperoni
2 Essiggurken
1 kleine Zwiebel
2 EL Olivenöl
1 Schuss Cognac
4 TL Paprika, edelsüss
2 Msp. Chilipulver
2 dl Rotwein
2 dl Gemüsebouillon
2 dl vegane Saucencrème
Salz, Pfeffer aus der Mühle
½ Bund Schnittlauch
4 EL vegane Schlagcrème oder veganer Frischkäse

Tipp: Das Seitan kann sehr gut durch Tofu oder zusätzliche Pilze ausgetauscht werden.

Russischer Klassiker im neuen Gewand

TOFU-PAILLARD

Den Tofu in 0,5 cm dünne Scheiben schneiden. Das Mehl in eine Schüssel geben und die Tofuscheiben kurz beidseitig im Mehl wenden. Dann in einer tiefen Schale mit der Marinade mischen und zugedeckt über Nacht im Kühlschrank ziehen lassen.

-

Die Eier in einer Schüssel verquirlen, das Paniermehl in einer zweiten Schüssel paratstellen.

-

Die Tofuscheiben aus der Marinade nehmen und überschüssige Marinade abstreifen. Den Tofu nun von beiden Seiten erneut im Mehl wenden, dann im Ei und schliesslich sorgfältig rundherum mit dem Paniermehl panieren. Jedes Mal darauf achten, dass die Tofuscheiben vollständig von der jeweiligen Zutat überzogen sind.

-

Das Öl in einer Bratpfanne erhitzen und die Tofu-Paillards darin portionsweise ca. 3 Minuten goldbraun braten, dabei einmal wenden. Auf Küchenpapier entfetten.

-

Dazu passt ein frischer Blattsalat.

500 g Tofu nature
100 g Mehl
vegane Tofu-Marinade (S. 30/31)
2 Eier
150 g Paniermehl
3 EL Olivenöl

Tipp: Die Tofu-Paillards lassen sich auch prima fertig paniert einfrieren.

Das originale Hiltl Schnitzel seit den 70ern

HACKBÄLLCHEN MIT TOMATENSAUCE

Die Tomaten auf der Unterseite kreuzweise mit dem Messer einschneiden, den Strunk herausschneiden und die Tomaten ca. 1 Minute in kochendes Wasser geben. Mit einer Schaumkelle herausnehmen und einige Minuten in eine Schüssel mit Eiswasser (ersatzweise ganz kaltes Wasser) geben zum Abschrecken. Die Tomaten dann enthäuten, halbieren, entkernen und in kleine Stücke schneiden.

–

Die Zwiebel und die Knoblauchzehe fein hacken. Die Blätter der Kräuter von den Stielen zupfen und die Blätter fein hacken.

–

Das Öl in einem Topf erhitzen und die gehackten Zwiebeln und Knoblauch sowie die Kräuter darin bei kleiner Hitze andünsten. Das Tomatenpüree beifügen und mitrösten. Die Tomaten dazugeben, mit Weisswein ablöschen und 10 Minuten einkochen lassen.

–

Die Bouillon dazugiessen, die Sauce pürieren und mit Rohzucker, Salz und Pfeffer abschmecken. Bei kleiner Hitze 20 Minuten einköcheln lassen.

–

Nach 15 Minuten die Hackbällchen hinzugeben und für die restlichen 5 Minuten mitköcheln lassen. Vor dem Servieren bei Bedarf nochmals würzen. Dazu passen Spaghetti, Quinoa, Couscous oder Kartoffelstampf (S. 52/53).

400 g Tomaten
1 Zwiebel
1 Knoblauchzehe
je 1 kleiner Zweig Rosmarin, Majoran, Oregano, Thymian, Basilikum
1 EL Olivenöl
40 g Tomatenpüree
2 dl Weisswein
2 dl Gemüsebouillon
½ TL Rohzucker
Salz, Pfeffer aus der Mühle
½ Rezept Hackbällchen (S. 46/47)

Tipp: Wer keinen Weisswein verwenden möchte, kann ihn durch Most ersetzen oder einfach 4 anstatt 2 dl Gemüsebouillon verwenden.

Der Bestseller aus unserer Metzgertheke

PAD THAI

250 g Reisnudeln
2 TL Sojasauce
200 g Tofu
3 EL neutrales Pflanzenöl
3 Eier
3 Knoblauchzehen
2 Schalotten
5 EL Mungbohnen-Sprossen
4 Frühlingszwiebeln
2 EL Tamarindenpaste
4 EL Gemüsebouillon
5 EL Sojasauce
1 EL Rohzucker
2 Limetten, Saft
5 EL Erdnüsse, grob gehackt

Die Reisnudeln in eine Schüssel geben, mit kochendem Wasser übergiessen und 15 Minuten stehen lassen, bis sie weicher sind. Danach absieben, abtropfen und mit der Sojasauce in einer Schüssel mischen. Auf die Seite stellen. Den Tofu in 1 cm grosse Würfel schneiden. Einen Esslöffel vom Öl in einem Wok erhitzen und den Tofu darin goldbraun anbraten, herausnehmen und in eine Schüssel füllen.

Die Eier in den Wok schlagen, verrühren und bei mittlerer Hitze ca. 3 Minuten anbraten, bis sie leicht braun geworden sind, dann zum Tofu geben.

Die Knoblauchzehen und Schalotten schälen und fein hacken. Die Mungbohnen-Sprossen waschen und beiseite stellen. Den weissen und grünen Teil der Frühlingszwiebeln schräg in kleine Röllchen schneiden.

Das restliche Öl im Wok erhitzen, den Knoblauch und die Schalotten darin bei hoher Hitze anbraten. Die Nudeln und Sojabohnen-Sprossen hinzugeben und alles rührbraten.

Die Tamarindenpaste mit der Bouillon, Sojasauce, dem Rohzucker und Limettensaft in einer Schüssel verrühren und in den Wok geben. Die gehackten Erdnüsse und Frühlingszwiebeln mit dem Rührei und Tofu zu den Nudeln geben, alles nochmals gut durchmischen und sofort servieren.

Tipp: Beim Rührbraten werden die Zutaten im Wok bei starker Hitze unter ständigem Rühren angebraten. Dank der kurzen Garzeit bleiben die Zutaten schön saftig, und das Gemüse behält seine Farbe, seinen Geschmack und die Vitamine. Im Original wird Pad Thai häufig noch mit Crevetten serviert. Wir empfehlen alternativ unsere feinen veganen Crevetten aus der Vegi-Metzgertheke.

Für Urlaubsstimmung zuhause

GRÜNE THAI-CURRYPASTE

Die Schalotte, die Knoblauchzehen und den Galgant schälen und mit den Chilischoten grob hacken. Die Mittelrippe bei den Kaffirlimettenblättern entfernen, die Blätter möglichst fein hacken.

Alle Zutaten in einem hohen Gefäss mit dem Stabmixer oder im Mörser zu einer feinen Paste verarbeiten.

½ Schalotte
8 Knoblauchzehen
10 g Galgant
40 g kleine grüne Chilischoten, entstielt
5 Kaffirlimettenblätter
1 Bio-Limette, Zesten
1 TL Koriander, gemahlen
¼ TL Kreuzkümmel, gemahlen
¼ TL schwarzer Pfeffer, gebrochen
¼ TL Kurkuma
1 EL Salz
0,6 dl neutrales Pflanzenöl

Tipp: In einem Schraubglas mit Öl bedeckt, ist die Paste 4 Wochen im Kühlschrank haltbar. Sie lässt sich zudem auch prima einfrieren.

20 Minuten | 140 g

Garantiert vegan

PANAENG-CURRY

Thai-Marinade:
120 g Ketchup
15 g grüne Thai-Currypaste
1 EL Sojasauce

400 g Seitan

Sauce:
1 Aubergine
100 g Long Beans
200 g Maiskolben
6 EL neutrales Pflanzenöl
20 g grüne Thai-Currypaste
50 g Erdnüsse
20 g Tomatenpüree
6 dl Kokosmilch
4 dl Gemüsebouillon
2 Kaffirlimettenblätter
3 EL Sojasauce
3 EL Rohzucker
2 Zweige Koriander
30 g Erdnüsse, gehackt
1 Limette, Schnitze

Für die Marinade den Ketchup mit der Thai-Currypaste und der Sojasauce in einer Schüssel verrühren. Das Seitan in dünne, feine Streifen schneiden, mit der Marinade vermischen und zugedeckt über Nacht im Kühlschrank ziehen lassen.

Die Aubergine in 1,5 cm grosse Würfel schneiden, mit Salz bestreuen und 30 Minuten stehen lassen. Mit Küchenpapier trockentupfen. In der Zwischenzeit die Long Beans in 6 cm grosse Stücke schneiden, 2 Minuten in kochendem Salzwasser blanchieren, in Eiswasser abkühlen. Die Maiskolben quer halbieren. Zwei Esslöffel vom Öl in einem Topf oder Wok erhitzen und das marinierte Seitan darin goldbraun anbraten. Die Maiskolben hinzugeben und kurz mitbraten. Aus der Pfanne nehmen und beiseite stellen.

In derselben Pfanne erneut zwei Esslöffel Öl erhitzen und die Thai-Currypaste, die Erdnüsse und das Tomatenpüree darin kurz anziehen. Mit Kokosmilch und Bouillon auffüllen, die Kaffirlimettenblätter hinzugeben und mit Sojasauce und Rohzucker abschmecken. Die Sauce unter gelegentlichem Rühren 15 Minuten einkochen lassen.

In der Zwischenzeit das restliche Öl in einer zweiten Pfanne erhitzen und die Auberginen darin portionsweise goldbraun anbraten.

Die Kaffirlimettenblätter aus der Sauce entfernen und alles mit dem Mixstab pürieren. Die Auberginenwürfel, Long Beans, Maiskolben und das Seitan in die Sauce geben, nochmals erwärmen und nochmals abschmecken.

Koriander waschen, trockenschütteln und fein hacken. Das Panaeng-Curry mit gehackten Erdnüssen, Limettenschnitz und gehacktem Koriander servieren. Dazu passt Reis.

Eines unserer beliebtesten Thai-Curries

TERIYAKI UDON NOODLES

Teriyaki-Marinade:
1,5 dl vegetarische Stir-Fry-Sauce
1 TL Sesamöl
1 EL Sojasauce
-
250 g veganes Entenfilet
-
Sauce:
1 nussgrosses Stück frischer Ingwer
2 grosse Zwiebeln
2 Karotten
2 Pak Choi
200 g Austernpilze
2 EL neutrales Pflanzenöl
100 g Mungbohnen-Sprossen
300 g Udon-Nudeln, gekocht
1 dl Gemüsebouillon
Salz, Pfeffer aus der Mühle
2 EL Cashewnüsse
½ Bund Koriander

Die Stir-Fry-Sauce mit dem Sesamöl und der Sojasauce in einer Schüssel verrühren. Das Entenfilet in feine Streifen schneiden und in der Marinade ziehen lassen.

Den Ingwer und die Zwiebeln schälen und beides fein hacken. Die Karotten schälen, halbieren und schräg in 0,5 cm dünne Scheiben schneiden. Den Pak Choi halbieren und schräg in mundgerechte Stücke schneiden. Den Strunk der Austernpilze entfernen und die Pilze in Stücke zupfen.

Einen Esslöffel vom Öl in einem Wok erhitzen und den Ingwer und die Zwiebeln darin anziehen lassen, bis die Zwiebeln goldbraun sind, dann an den Rand des Woks schieben. Das übrige Öl in die Mitte des Woks geben, die Karottenscheiben, Austernpilze, Mungbohnen-Sprossen und den Pak Choi hinzugeben und 5 Minuten anbraten. Ebenfalls alles an den Rand schieben. Die Entenfiletstreifen aus der Marinade nehmen, in den Wok geben und ca. 3 Minuten anbraten.

Die gekochten Udon-Nudeln mit den Fingern auseinanderzupfen, dann mit der Bouillon und der Entenmarinade in den Wok geben, alles sehr gut mischen. Nochmals aufkochen und köcheln lassen, bis das Gemüse gar, aber noch leicht knackig ist. Mit Salz und Pfeffer abschmecken. Die Cashewnüsse und den Koriander hacken und als Garnitur darüberstreuen.

Tipp: Udon-Nudeln sind japanische Nudeln aus Weizenmehl. Sie sind häufig bereits gekocht und vakuumiert erhältlich.

Ente gut, alles gut

TOFU TIKKA MASALA

Tikka Masala-Marinade:
4 EL Sojasauce
1 TL Tikka-Masala-Gewürzmischung
-
400 g Tofu
-
Sauce:
1 Zwiebel
1 Knoblauchzehe
1 nussgrosses Stück frischer Ingwer
3 EL neutrales Pflanzenöl
¼ TL Kardamom, gemahlen
5 mittelgrosse Tomaten
1 TL Tikka Masala-Gewürzmischung
30 g Palmzucker
5 dl Gemüsebouillon
150 g Sojajoghurt
Salz, Pfeffer aus der Mühle
½ Bund Koriander

Für die Marinade die Sojasauce mit der Tikka-Masala-Gewürzmischung in einer Schüssel verrühren. Den Tofu in 1 cm grosse Würfel schneiden, mit der Marinade mischen und zugedeckt über Nacht im Kühlschrank ziehen lassen.
-
Die Zwiebel, den Knoblauch und Ingwer schälen und fein hacken. Einen Esslöffel Öl in einem Topf erhitzen. Zwiebeln, Knoblauch und Ingwer hinzugeben und bei mittlerer Hitze anziehen lassen. Den Kardamom beigeben und kurz mitanziehen.

Den Stielansatz der Tomaten entfernen, die Tomaten halbieren, entkernen und in 1 cm grosse Würfel schneiden. Die Tomatenwürfel mit der Tikka Masala-Gewürzmischung, dem Palmzucker und der Bouillon zu der Zwiebelmischung geben und 15 Minuten kochen lassen.
-
Das übrige Öl in einer Bratpfanne erhitzen. Den Tofu aus der Marinade nehmen und darin rundherum anbraten. Dann zur Sauce geben, nochmals erwärmen und mit Salz und Pfeffer abschmecken.
-
Die Herdplatte ausschalten und das Sojajoghurt unterrühren. Den Koriander waschen, trockenschütteln, fein hacken und als Garnitur darüberstreuen. Dazu passt Basmatireis oder Jasminreis.

Perfekt für die indische Lunchbox

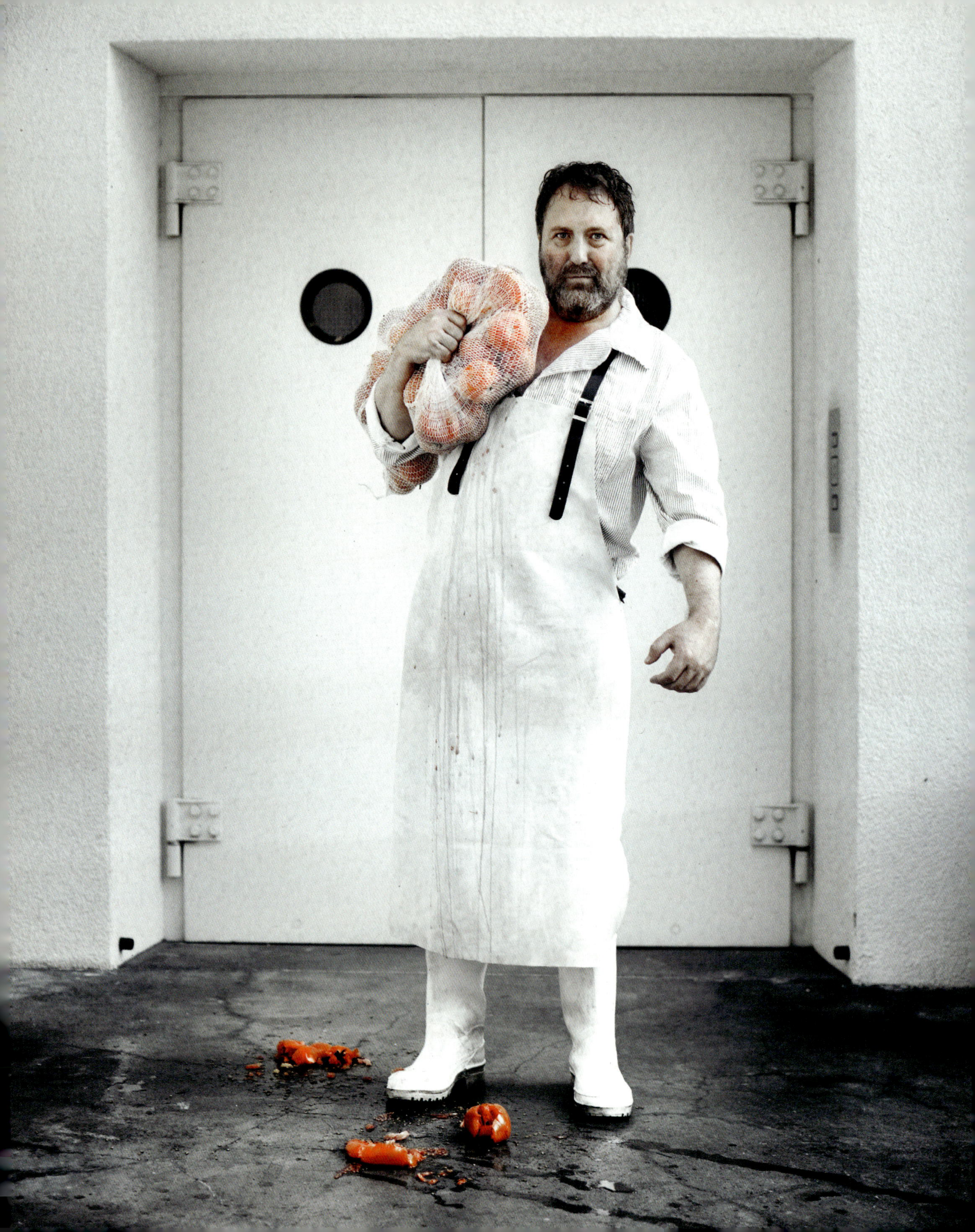

URS

51, semiprofessioneller Schauspieler und Transportfahrer, liebt die Abwechslung auch in der Freizeit

DAS FLEISCHMUSEUM

Das erste Fleischmuseum der Republik wird natürlich in der Hauptstadt eröffnet, wird Schluss- und Höhepunkt der vegan-vegetarischen Revolution sein, in einer Zeit, da der Verzehr von Fleisch nicht mehr gesellschaftsfähig sein wird. Das Museum wird eine Geisterbahn sein für die einen, fettig glänzende Historien-Träumerei für die anderen. Aus dem In- und Ausland werden die Besucher strömen und staunen. In enger Zusammenarbeit mit Ceroplastikern, jenen Menschen also, die aus Wachs, Paraffin und Ceresin auch Elvis Presley oder die Monroe lebensecht nachbilden können, entstehen die täuschend echten Exponate, die hier ausgestellt sein werden. Im Museum kann täuschend echt aussehender Fleischsalat bestaunt werden, Knackwürste in Brühwasser schwimmend, ein ganzer Schweinebraten mit Knusperkruste, ein Steak (medium). Blutwurst ist in einem diskreten Sonderraum ausgestellt; hier werden eingangs Alterskontrollen durchgeführt. Für die Kleinsten gibt es das «Attila-Hildmann-Fleischbällebad», und auch im Museumsshop hat man sich einiges einfallen lassen: Sehr beliebt sind beispielsweise die Schwimmhilfen für Kinder in Form einer aufblasbaren Ringsalami.
-

Eingebrockt haben wir Fleischesser uns das museale Schlamassel selbst, denn stets waren Ausgrenzung und Ignoranz unsere Handlanger beim fragwürdigen Umgang mit engagierten Pflanzenessern! Und es sei mir an dieser Stelle ein ganz persönlicher Ausschwiff erlaubt, denn ich bin alt und kann noch berichten von der Zeit, da alle Menschen Fleisch assen und ich als Koch arbeitete, das war gegen Ende der achtziger Jahre, da galt ein Vegetarier als Störfall im Restaurant. Kopfschüttelnd improvisierten wir damals eilig einen Teller mit handgeschnitztem Gemüse, der Entremetier stöhnte: «Jetzt frisst mir ein Spinner mein Gemüse-Mise en place weg!»; fluchend wurde Sauce hollandaise aufgeschlagen und final alles mit gerösteten Mandelblättchen bestreut. Warum, fragten wir uns, geht «so einer» überhaupt ins Restaurant? Seither hat sich vieles getan, Vegetarismus wird längst nicht mehr als Einzelschicksalsschlag betrachtet, und der Vegetarier ist in der Mitte der Gesellschaft angekommen. Doch ist das wirklich so?
-

Eine Blitzumfrage unter der beständig wachsenden Schar sich fleischlos glücklich ernährender Freunde ergab ein besorgniserregendes Bild: Auch heute noch schlägt dem Vegetarier überwiegend Unverständnis entgegen; Lieblosigkeit ist nach wie vor die Hauptzutat auf den fleischlosen Alternativtellern vieler Restaurants. Allgemein haben sich, mittlerweile flächendeckend, Nudeln mit Tomatensauce als Strafe für den vegetarischen Gast durchgesetzt, dicht gefolgt von Kartoffelbrei. Kartoffelbrei. Ohne alles. Nicht ausgestorben ist überraschenderweise der Gemüseteller mit Sauce hollandaise und gerösteten Mandelblättchen. Dankbarkeit durchströmt dabei all jene, die befürchtet hatten, ein weiteres Mal mit Kartoffelbrei beleidigt zu werden. Ein barmherziges Mäntelchen des Schweigens breiten wir an dieser Stelle über das Schicksal von Veganern, jenen Menschen also, die nicht nur dem Fleisch selbst abgeneigt sind, sondern auch Eier und sämtliche Molkereiprodukte vom Speiseplan gestrichen haben. Es lässt sich nur erahnen, was in ihnen vorgehen mag, wenn sie, zum wiederholten Ma(h)le, den Blick des Küchenchefs suchen und mit fester Stimme sagen müssen: «Ich kann diesen Kartoffelbrei nicht essen, denn er enthält Milch und Butter. Haben Sie einen Gemüseteller ohne Sauce hollandaise im Angebot?»
-

Insbesondere jüngere Vegetarier müssen sich zudem im Restaurant und am Familientisch wiederkehrend den Vorwurf gefallen lassen, es handele sich bei «deinem Vegetarismusdings» doch wohl «...sicher nur um eine pubertäre Phase, nicht wahr mein Schatz!» Dazu gibt es immer einen verzweifelten Wir-lieben-dich-trotzdem-Blick umsonst. Hier und da bemüht man sich aber auch redlich um vegetarische Familienmitglieder, Freunde und Verwandte. Falsches Mitgefühl treibt viele Gastgeber in die Fänge der Fleischersatz-Industrie. In der Tiefkühltruhe eines veganen Supermarktes entdecke ich während meiner Recherchen einen gefrorenen «whole vegan turkey» – einen überwiegend aus Sojabohnen, Mehl und Öl geformten Mehrkomponenten-Truthahn-Klon aus industrieller Fertigung in Form eines beängstigend riesenhaften Hähnchens.

Doch das Blatt wendet sich. Still und leise. Die Vegetarier werden mehr, die Zahl der scheinheiligen Flexitarier nimmt ebenfalls zu, und es sind nicht mehr ausnahmslos alle Veganer als «verblendete Ideologen» zu bezeichnen. Dementsprechend steigt der Rechtfertigungsdruck unter Fleischgeniessern. Befeuert vom nicht abreissenden Strom an Fleischskandalen und unter dem Druck der erwiesenen Ausbeutung Werktätiger in der Massentierhaltungs- und Fliessband-Schlacht-Industrie rutschen viele von ihnen ab in die Edelfleisch-Szene. Hier wird richtig Geld gemacht. Gefestigte Charaktere besuchen die wenigen neuen Edelmetzgereien in den Innenstädten, die Juweliergeschäften ähneln, von der Auslagenpräsentation bis zum Preisgefüge. Weniger mutige Fleischgeniesser lassen sich ihre Steaks in diskreten Päckchen und auf Trockeneis nach Hause schicken; der Online-Edelfleischversand boomt. Und wer im öffentlichen Raum beim Fleischverzehr entdeckt wird, der tut gut daran, die Dreiheiligkeit aus «Bio!», «Regional!» und «Tierwohl-gerecht!» im Eiltempo aufsagen zu können. Auch ich selbst kontere aufkommende Kritik an meinem Speiseplan mit jenem Mantra, weise zusätzlich drauf hin, dass ich üblicherweise nur am Wochenende «sündige», und prahle damit, dass ich bereits zwei vegetarische Kochbücher geschrieben habe. Das funktioniert so mittel, mittlerweile, und ich spüre: das Fleischmuseum kommt. Wenn es einst so weit sein wird, ich schwör, gehe ich mit Gleichgesinnten in den Untergrund. Wir schlagen der Prohibition ein Schnippchen, brutzeln in fensterlosen Kellerküchen Steaks und schmoren Fleisch in duftenden Saucen. Nur auf Einladung. Dreimal klopfen und Losung flüstern: «Tierwohl immer! Blümchen nimmer!»

Stevan Paul ist Food-Stylist, Rezeptentwickler und freier Autor für verschiedene Medien. Zudem produziert und schreibt er Kochbücher und Erzählungen.

SANDWICHES,

SNACKS & SALATE

CHICKEN SALAD

Sauce:
150 g vegane Reismayonnaise
125 g Nature-Joghurt
1 dl Orangensaft
Rohzucker, Salz, Pfeffer aus der Mühle
-
2 EL Olivenöl
3 Quornschnitzel à 60 g
2 Scheiben Toastbrot
200 g Eisbergsalat
200 g Stangensellerie
1 Apfel
1 Zitrone, Saft

Für die Sauce alle Zutaten in einer Schüssel miteinander verrühren und mit Zucker, Salz und Pfeffer abschmecken.
-
Das Öl in einer Pfanne erhitzen. Die Quornschnitzel schräg in 1 cm dünne Streifen schneiden und im heissen Öl bei mittlerer Hitze rundum goldbraun anbraten. Die Schnitzel herausnehmen und beiseite stellen.
-
Das Toastbrot in 1 cm kleine Würfel schneiden und im Bratfett vom Quorn goldbraun anrösten, auf Küchenpapier entfetten.
-
Den Eisbergsalat waschen, trockenschleudern und mit den Fingern in mundgerechte Stücke zupfen. Den Stangensellerie rüsten, waschen, in 0,5 cm dünne Scheiben schneiden. Den Apfel vierteln, entkernen, in feine Scheiben schneiden und sofort mit dem Zitronensaft mischen.
-
Den Eisbergsalat mit dem Sellerie, den Apfelschnitzen und dem Quorn in einer Schüssel mischen. Die Sauce sorgfältig unterheben und den Salat auf vier Teller verteilen. Mit Croûtons bestreuen und sofort geniessen.

Tipp: Durch weniger Mayonnaise und mehr Joghurt im Dressing wird der Salat leichter.

Da lacht das Hühnchen

CLUB SANDWICH

Cocktailsauce:
¼ Bund Petersilie
1 Tomate
30 g vegane Reismayonnaise
45 g Ketchup
¼ TL frischer Meerrettich
1 TL Zitronensaft
1 Spritzer Tabasco
1 TL Rohzucker
-
4 EL Olivenöl
3 Quornschnitzel à 60 g
4 Eier
8 Scheiben veganer Speck
60 g Eisbergsalat
4 Essiggurken
2 mittelgrosse Tomaten
½ Avocado
12 Scheiben Vollkorntoast
200 g Coleslaw (S. 54/55)
8 Cherry-Tomaten
Salz, Pfeffer aus der Mühle
-
8 Holzspiesse

Für die Cocktailsauce die Petersilie waschen, trockenschleudern und fein hacken. Den Stielansatz der Tomate entfernen, die Tomate halbieren und in sehr kleine Würfel schneiden. Alles mit den übrigen Zutaten in eine Schüssel geben, gut verrühren und abschmecken.
-
Zwei Esslöffel Öl in einer Bratpfanne erhitzen. Die Quornschnitzel längs halbieren, im heissen Öl anbraten, herausnehmen und von allen Seiten mit Salz und Pfeffer würzen. Das restliche Öl in der Pfanne erhitzen. Die Eier darin zu Spiegeleiern braten und ebenfalls mit Salz und Pfeffer würzen. Spiegeleier herausnehmen und im Bratfett die veganen Speckstreifen knusprig anbraten, auf Küchenpapier entfetten.
-
Den Eisbergsalat waschen, trockenschleudern und in mundgerechte Stücke zupfen. Die Essiggurken, Tomaten und das Avocadofruchtfleisch in dünne Scheiben schneiden, die Vollkorntoast-Scheiben toasten.
-
Drei Toastscheiben nebeneinander paratlegen. Alle drei mit Cocktailsauce bestreichen, dann den Coleslaw auf den ersten beiden Toastscheiben verteilen. Die erste Toastscheibe mit Eisbergsalat und je zwei Scheiben Tomaten und Quorn sowie einer Essiggurkenscheibe belegen. Auf die zweite Toastscheibe das Spiegelei und zwei Avocadoscheiben verteilen, dann diese Toastscheibe auf die erste legen und mit der dritten Toastscheibe bedecken, wobei die unbestrichene Seite nach oben zeigt. Die übrigen drei Club Sandwiches genauso zubereiten.
-
Die Club Sandwiches vorsichtig diagonal halbieren. Je eine Cherry-Tomate und einen gebratenen Speckstreifen auf einen Holzspiess aufspiessen und die Spiesse in die Hälften der Sandwiches stecken. Die Club Sandwiches sofort geniessen.
-
Dazu schmecken Pommes allumettes, Country Fries oder Salat.

Tipp: Alternativ zu Quorn kann auch Räuchertofu verwendet werden. Wenn zusätzlich das Spiegelei weggelassen wird, ist das Club Sandwich auch vegan.

60 Minuten | 4 Portionen

Endlich auch vegetarisch

CRISPY TOFU-MELONEN-SPIESSE

Den Tofu in 1,5 cm grosse Würfel schneiden. Das Mehl in eine Schüssel geben und die Tofuwürfel kurz darin wenden. Dann in einer tiefen Schale mit der Marinade mischen und zugedeckt über Nacht im Kühlschrank ziehen lassen.

—

Die Melone schälen, halbieren und in 1,5 grosse Würfel schneiden. Einen Esslöffel Öl in einer Pfanne erhitzen und die Melonenwürfel darin bei mittlerer Hitze kurz andünsten. Das Birnel und das Chilipulver unterrühren, die Pfanne vom Herd ziehen.

—

Die Cornflakes mit den Händen grob zerbrechen und in eine Schüssel füllen. Die Sojamilch und das Maizena mit dem Schwingbesen in einer weiteren Schüssel verrühren.

—

Die marinierten Tofuwürfel nun zuerst erneut von allen Seiten im Mehl und dann in der Sojamilch-Mischung wenden und schliesslich sorgfältig rundum mit den Cornflakes panieren. Jedesmal darauf achten, dass die Tofustücke vollständig von der jeweiligen Zutat überzogen sind.

—

Das restliche Öl in einer Pfanne erhitzen und die Tofustücke rundum goldbraun braten, auf Küchenpapier entfetten. Jeweils zwei Tofuwürfel abwechselnd mit einem Melonenwürfel auf die Spiesse stecken.

---

200 g Tofu
80 g Mehl
1 × Rezept vegane Tofu-Marinade (S. 30/31)
½ Cavaillon-Melone
1 dl Olivenöl
1–2 EL Birnel
2 TL Chilipulver
120 g Cornflakes, ungesüsst
4 EL Sojamilch
1 TL Maizena
-
12 kleine Holzspiesse, 4 cm lang

Tipp: Alternativ zu Melone können auch Ananas, Mango oder Papaya verwendet werden.

25 Minuten (exkl. Marinieren) | 12 Spiesse

Da wird jeder Spiessrutenlauf zum Genuss

CURRYWURST

Madras-Sauce:
1 Zwiebel
2 EL neutrales Pflanzenöl
1 TL Tomatenpüree
1 EL Kokosraspel
1 TL Madras-Curry
½ TL Hiltl Curry
1 Msp. Kardamom, gemahlen
¼ TL Koriander, gemahlen
1 Prise Chilipulver
½ TL Rohzucker
3 dl Wasser
Salz

4 vegane Bratwürste, fränkische Art
3 Zwiebeln
300 g Ketchup
Hiltl Curry zum Garnieren

Für die Madras-Sauce die Zwiebel schälen und in Ringe schneiden. Einen Esslöffel Öl erhitzen und die Zwiebeln darin bei mittlerer Hitze ca. 10 Minuten dünsten, ohne dass sie Farbe annehmen.

Das Tomatenpüree, die Kokosraspel, die Gewürze und den Rohzucker beifügen. Mit dem Wasser auffüllen und die Sauce mindestens 1 Stunde offen köcheln lassen. Dabei gelegentlich umrühren.

Alles mit dem Stabmixer pürieren und mit dem Salz und je nach Geschmack mit mehr Chilipulver abschmecken.

Für die Currywurst die Bratwürste in 1 cm grosse Stücke schneiden. Das übrige Öl in einer Bratpfanne erhitzen und die Wurststücke darin goldbraun anbraten. Aus der Pfanne nehmen und zur Seite stellen.

Die Zwiebeln schälen und in feine Streifen schneiden, zum Bratfett der Würstchen geben und darin andünsten, bis sie leicht braun sind. Madras-Sauce und Ketchup hinzufügen und leicht köcheln lassen, bis die Zwiebeln weich sind.

Am Schluss die Bratwurst zur Sauce geben und nochmals 5 Minuten köcheln lassen. Die Currywurst mit Hiltl Curry bestreut servieren. Dazu schmecken Pommes frites.

Tipp: Die Madras-Sauce kann auf Vorrat zubereitet werden. Sie ist einige Tage im Kühlschrank haltbar oder kann portionsweise eingefroren werden.

Berliner Kult-Snack im Hiltl Style

KARTOFFELSALAT MIT WIENERLI

Die Kartoffeln mit der Schale in einem grossen Topf in Salzwasser weichkochen. Das Wasser abgiessen, die Kartoffeln mit kaltem Wasser abschrecken und schälen. Die Kartoffeln im noch warmen Zustand in dünne Scheiben schneiden, in eine Schüssel geben und mit der Bouillon übergiessen. Die Zwiebel schälen, fein hacken und mit dem Senf zu den Kartoffeln geben. Alles gut mischen und 15 Minuten ziehen lassen.

-

Währenddessen die Wiener Würstchen in siedendem Wasser 5-10 Minuten gar ziehen lassen.

-

Für die Salatsauce alle Zutaten bis auf das Rapsöl und Salz in einer Schüssel mit dem Schwingbesen gut verrühren. Das Rapsöl langsam in die restlichen Zutaten einlaufen lassen, währenddessen weiterrühren, bis sich alle Zutaten vermischt haben. Mit Salz abschmecken

-

Wenn die Kartoffeln die Bouillon aufgesogen haben, die Salatsauce über die Kartoffeln geben und vorsichtig untermischen. Alles nochmals gut mit Salz und Pfeffer abschmecken.

-

Die Wiener Würstchen aus dem Wasser nehmen, kurz abtropfen und warm mit dem Kartoffelsalat anrichten. Dazu Senf servieren.

800 g Kartoffeln, festkochend (z.B. Agria)
1 dl kräftige Gemüsebouillon
1 Zwiebel
1 EL grobkörniger Senf
4 vegane Wiener Würstchen

-

Salatsauce:
0,5 dl Apfelessig
0,5 dl weisser Balsamicoessig
1 Prise weisser Pfeffer
1 EL Dijon-Senf
1 EL Birnel
1 dl kaltgepresstes Rapsöl
Salz, Pfeffer aus der Mühle

Nicht nur für den Hunger zwischendurch

KNUSPERLI MIT SAUCE TARTAR

Sauce Tartar:
2 Essiggurken
1 EL Kapern
je 2 Zweige Petersilie, Schnittlauch
200 g vegane Reismayonnaise
1 EL Senf
Zitronensaft, Gurkensud, Salz,
Pfeffer aus der Mühle
-
Knusperli:
300 g Mehl
½ TL Salz
1 Prise Rohzucker
2 dl Bier
1 dl Wasser mit Kohlensäure
1 dl Olivenöl
500 g Seitan
1 Zitrone, Saft
Mehl zum Bestäuben

Für die Sauce Tartar die Essiggurken und Kapern fein würfeln. Die Kräuter waschen, trockenschütteln und fein hacken. Die Mayonnaise mit dem Senf verrühren, die Gurken, Kapern und Kräuter unterrühren und alles nach Belieben mit Zitronensaft, Gurkensud, Salz und Pfeffer abschmecken.

Für die Knusperli das Mehl mit dem Salz, Zucker, Bier, Wasser und einem Esslöffel Öl in einer Schüssel zu einem geschmeidigen Teig verrühren, gegebenenfalls noch etwas mehr Bier hinzufügen.

Das Seitan schräg in 2 cm dicke Streifen schneiden, mit dem Zitronensaft in einer Schüssel mischen und dann rundum mit Mehl bestäuben.

Das restliche Öl in einer Bratpfanne erhitzen. Die Seitanstreifen portionsweise durch den Biertreig ziehen und dann im heissen Öl goldbraun ausbacken, zwischendurch einmal wenden.

Die gebackenen Knusperli kurz auf Küchenpapier entfetten, dann sofort mit der Sauce Tartar servieren.

Tipp: Am besten gelingen die Knusperli mit bereits mariniertem, sehr saftigem Seitan. Ebenfalls hervorragend schmeckt blanchiertes Gemüse im Teig wie z.B. Zucchetti, Karotten Blumenkohl- und Broccoliröschen.

Herrlich knusprig

PORTOBELLO ROAD SANDWICH

Kräuter-Marinade:
2 Knoblauchzehen
je 2 Zweige Petersilie, Basilikum
2 dl Balsamico
2 dl Olivenöl
-
1 kg Portobello-Pilze
-
½ Bund Schnittlauch
150 g vegane Reismayonnaise
1½ TL Trüffelöl
4 vegane Ciabatta-Brötchen
1 EL Olivenöl
1 grosse Tomate
1 Zwiebel
60 g Rucola

Den Knoblauch schälen und fein hacken. Die Kräuter waschen, trockenschütteln und ebenfalls fein hacken. Knoblauch und Kräuter mit dem Balsamico und Öl in einer Schüssel verrühren. Die Pilze säubern, in dünne Scheiben schneiden, mit der Marinade mischen und zugedeckt über Nacht im Kühlschrank ziehen lassen.
-

Den Backofen auf 100 °C vorheizen.
-
Den Schnittlauch waschen, trockenschütteln und fein hacken. Dann mit der Mayonnaise und dem Trüffelöl in einer Schüssel verrühren.
-
Die Ciabatta-Brötchen längs halbieren, mit dem Olivenöl bepinseln und im Ofen bei 100 °C ca. 10 Minuten erwärmen. Beiseite stellen.
-
Währenddessen die Pilze aus der Marinade nehmen und in einer heissen Bratpfanne ohne zusätzliches Öl 7-10 Minuten bei mittlerer Hitze andünsten, bis sie weich sind. Den Stielansatz der Tomate entfernen, Tomate in Scheiben schneiden. Die Zwiebel schälen und in Ringe schneiden. Rucola waschen, trockenschütteln und harte Stiele entfernen.
-
Die Trüffel-Aioli grosszügig auf allen Brötchenhälften verteilen. Die gebratenen Pilze jeweils auf den unteren Brötchenhälften verteilen und sie gleichmässig mit den Tomatenscheiben und Zwiebelringen belegen. Den Rucola darüber arrangieren. Die oberen Brötchenhälften darüberklappen und sofort servieren.

Tipp: Die Sandwiches schmecken auch sehr fein mit zusätzlichem Büffelmozzarella. Dafür einige dünne Scheiben auf den Pilzen verteilen und die Ciabattas dann 10 Minuten bei 100 °C im Backofen erwärmen, bis der Mozzarella leicht geschmolzen ist.

Man gönnt sich ja sonst nichts

SCHINKENGIPFELI

Den Backofen auf 180 °C vorheizen.

Für die Füllung den Räuchertofu grob zerkleinern, in ein hohes Gefäss geben und mit dem Mixstab pürieren. Das Öl in einer Pfanne erhitzen. Die Zwiebel und die Knoblauchzehe schälen, fein hacken und im heissen Öl bei mittlerer Hitze andünsten, bis sie goldbraun sind. Vorsicht: Nicht verbrennen, sonst wird der Knoblauch bitter!

Die Petersilie waschen, trockenschütteln und fein hacken. Die Zwiebeln, Knoblauch und Petersilie mit dem Räuchertofu und den restlichen Zutaten für die Füllung in einer Schüssel sorgfältig mischen und mit Salz und Pfeffer abschmecken.

Den Blätterteig auseinanderfalten und in 30 Dreiecke à 10 cm Seitenlänge schneiden. Die Teigdreiecke jeweils mit der Spitze nach oben und einer geraden Seite nach unten auf ein mit Backpapier belegtes Blech legen. Je 1 Teelöffel Füllung am unteren geraden Rand verteilen, den Teig vom unteren Rand leicht über die Füllung klappen und das Gipfeli dann zur Spitze hin aufrollen. Mit den restlichen Gipfeli so verfahren, bis alle fertig aufgerollt sind.

Die Gipfeli mit veganer Saucencrème bepinseln und bei 180 °C im Ofen ca. 25 Minuten backen. Die Schinkengipfeli schmecken warm oder kalt.

Tipp: Den Blätterteig erst aus dem Kühlschrank holen, wenn die Füllung fertig ist. Er wird sonst weich und lässt sich nicht mehr schön verarbeiten. Daher am besten portionsweise arbeiten und jeweils nur einen Teil des Blätterteigs auf einmal aus dem Kühlschrank holen.

Füllung:
200 g Räuchertofu
1 mittelgrosse Zwiebel
1 Knoblauchzehe
1 EL Olivenöl
½ Bund Petersilie
100 g vegane Saucencrème
1 TL Paprika, edelsüss
1 TL Senf, mittelscharf
Salz, Pfeffer aus der Mühle

2 Päckchen veganer Blätterteig, gekühlt
2 EL vegane Saucencrème

60 Minuten (inkl. Backzeit) | 30 kleine Gipfeli

Damit gelingt jeder Apéro

BOLLYWOOD SANDWICH

Den Backofen auf 180 °C vorheizen.

Für die Marinade alle Zutaten in einer Schüssel mit dem Schwingbesen verrühren. Die Quornschnitzel in eine flache Schüssel legen und sorgfältig mit der Marinade mischen. Mindestens 30 Minuten darin ziehen lassen.

Die Tandoori-Schnitzel aus der Marinade nehmen und auf ein mit Backpapier belegtes Blech legen. Die Schnitzel sollten rundum mit der Marinade bedeckt sein. Die Schnitzel im Ofen bei 180 °C ca. 15 Minuten backen.

Währenddessen die Fladenbrote längs halbieren. Je 2 Esslöffel Mango-Apfel-Chutney auf den unteren Brothälften verstreichen und mit je zwei Blättern Eisbergsalat belegen. Die Mangopulpe auf den oberen Brothälften verstreichen.

Die gebackenen Tandoori-Schnitzel jeweils in vier dünne Scheiben schneiden und je 4 Stück nebeneinander auf dem Eisbergsalat verteilen. Die oberen Brothälften darüberklappen und sofort geniessen.

Tandoori-Marinade:
300 g Nature-Joghurt
70 g Tandoori-Masala-Gewürzmischung
1 Zitrone, Saft
1 TL Paprika, edelsüss
1 TL Asafoetida
5 g Randenpulver
-
4 Quornschnitzel à 60 g
120 g Mango-Apfel-Chutney (S. 20/21)
4 kleine Fladenbrote
8 Blätter Eisbergsalat
4 TL Mangopulpe

Tipp: Anstatt Eisbergsalat kann ein beliebiger saisonaler Blattsalat verwendet werden. Wer mag, kann zusätzlich noch gehackten Koriander und gehackte Minze auf den Quornscheiben verteilen. Die Füllung schmeckt auch in der Ciabatta sowie in Sauerteig- oder Pitabrot.

55 Minuten (inkl. Marinieren und Backzeit) | 4 Sandwiches

Urlaubsstimmung im Fladenbrot

THAI-SALAT

Das Grüne und das Weisse der Frühlingszwiebeln in feine Ringe schneiden. Den Koriander waschen, trockenschütteln und fein hacken. Das untere Drittel des Zitronengrasstengels leicht quetschen, dann ganz fein hacken. Die Blattrippe der Kaffirlimettenblätter entfernen und die Blätter ebenfalls fein hacken. Alles mit den Datteltomaten in einer Schüssel mischen.

Das Öl in einer Pfanne erhitzen und die Filetstreifen darin knusprig anbraten. Kurz auf Küchenpapier entfetten, dann zu den vorbereiteten Zutaten in der Schüssel geben.

Die grüne Thai-Currypaste mit dem Limettensaft und der Sojasauce in einer Schüssel verrühren. Dann zu den restlichen Zutaten geben, sorgfältig mischen und kurz durchziehen lassen.

80 g Frühlingszwiebeln
1 Bund Koriander
1 Zitronengrasstengel
5 Kaffirlimettenblätter
600 g Datteltomaten
2 EL neutrales Pflanzenöl
150 g vegane Filetstreifen
½ TL grüne Thai-Currypaste (S. 66/67)
5 Limetten, Saft
4 EL Sojasauce

Tipp: Alternativ zu den Filetstreifen schmeckt auch der Zitronengras Tempeh (S. 116/117).

25 Minuten | 4 Portionen

Für das nächste Picknick

THAILÄNDISCHER LAAB

300 g Chinakohl
2 Schalotten
1 mittelgrosse Karotte
200 g Long Beans
6 Kaffirlimettenblätter
1 Bund Koriander
½ Bund Pfefferminze
2 EL neutrales Pflanzenöl
300 g Sojagehacktes
1 Stengel Zitronengras
30 g Klebreis (roh)
40 g Sojasauce
2 Limetten, Saft
1 EL Chiliflocken
4 Zweige Thai-Basilikum

Den Chinakohl vierteln, den Strunk herausschneiden und den Kohl in 2 cm grosse Scheiben schneiden oder hobeln. Die Schalotten schälen, halbieren und in feine Ringe schneiden. Die Karotte schälen und in Streifen raffeln. Die Endstücke der Long Beans abschneiden, Bohnen in 5 cm lange Stücke schneiden. Die Blattrippe der Kaffirlimettenblätter entfernen und die Blätter in feine Streifen schneiden, ca. 1 Esslöffel für später beiseite legen. Den Koriander und die Pfefferminze waschen, trockenschütteln und fein hacken. Alles zusammen in eine Schüssel geben.

—

Das Öl in einer Pfanne erhitzen und das Sojagehackte darin bei mittlerer Hitze goldbraun anbraten. Aus der Pfanne nehmen und beiseite stellen.

—

Den Zitronengrasstengel im unteren Drittel in feine Scheibchen schneiden und zusammen mit den übrigen in Streifen geschnittenen Kaffirlimettenblättern und dem Klebreis in einer Pfanne ohne Öl goldbraun anrösten. Danach im Mörser zerstampfen oder in einer Gewürzmühle feinmahlen.

—

Das angebratene Sojahack mit dem gemahlenen Klebreis zu dem gerüsteten Gemüse in die Schüssel geben. Die Sojasauce und den Limettensaft unterrühren, alles sorgfältig mischen und mit Chiliflocken abschmecken. Das Thai-Basilikum waschen, trockenschütteln und die Blättchen abzupfen. Den Thai-Laab auf Tellern anrichten und mit dem Thai-Basilikum garnieren.

45 Minuten | 4 Portionen

Original-Rezept aus Thailand

FREE WILLY SANDWICH

Die Baguettebrötchen längs halbieren und alle Brothälften mit Reismayonnaise bestreichen.

-

Den Blattspinat waschen, trockenschleudern und auf den unteren Brothälften verteilen. Den veganen Thunfisch in ein Sieb geben, leicht abspülen und gut ausdrücken, mit Küchenpapier trockentupfen. Die Masse von Hand auseinanderzupfen und auf dem Blattsalat arrangieren. Die Essiggurken in je 4 Scheiben schneiden und je zwei Scheiben auf dem Thunfisch verteilen.

-

Die Zwiebel schälen und in feine Ringe schneiden. Die Zwiebelringe zusammen mit den Kapern auf den unteren Brothälften verteilen. Obere Brothälfte darüberklappen und sofort geniessen.

4 vegane Baguettebrötchen
8 EL vegane Reismayonnaise
100 g Blattspinat
180 g veganer Thunfisch
2 Essiggurken
1 rote Zwiebel
4 TL Kapern

Save the tuna

WURSTWEGGEN

Den Backofen auf 180 °C vorheizen.

Den Blätterteig auseinanderfalten und in 8 Quadrate zu je 14 cm Seitenlänge schneiden. Die Teigquadrate auf ein mit Backpapier belegtes Blech legen und mit dem Senf bestreichen.

Die Würstchen jeweils in die Mitte der Blätterteigquadrate legen, den Blätterteig darüber zusammenfalten und mit der Gabel am oberen Rand festdrücken, so dass ein schönes Muster entsteht.

Die Wurstweggen mit veganer Saucencrème bestreichen und im Ofen bei 180 °C rund 12 Minuten goldbraun backen. Die Wurstweggen schmecken warm und kalt.

1 Packung veganer Blätterteig, gekühlt
2 EL grobkörniger Senf
8 vegane Wiener Würstchen
2 EL vegane Saucencrème

Tipp: Für eine vegetarische Variante können die Wurstweggen mit verquirltem Eigelb bestrichen werden.

Für hungrige Kochmuffel

WURST-KÄSE-SALAT

Die Petersilie waschen, trockenschütteln und grob hacken. Dann mit dem Öl und Essig in ein hohes Gefäss geben und mit dem Stabmixer pürieren. Mit Salz und Pfeffer abschmecken.

Die Cervelats längs halbieren und schräg in 0,5 cm dünne Scheiben schneiden. Die Rinde vom Käse wegschneiden und den Käse in 2 cm x 0,5 cm kleine Stifte schneiden. Die Essiggurken in dünne Scheiben schneiden. Den Schnittlauch waschen, trockenschütteln und fein hacken.

Die Cervelats mit dem Käse, den Gurken, dem Schnittlauch und den Cherry-Tomaten in eine Schüssel geben, sorgfältig mit der Sauce mischen und 1 Stunde im Kühlschrank ziehen lassen. Vor dem Servieren nochmals mit Salz und Pfeffer abschmecken.

½ Bund Petersilie
1 dl Kräuteressig
2 dl kaltgepresstes Rapsöl
4 vegetarische Cervelats
200 g rezenter Schweizer Käse
3 Essiggurken
½ Bund Schnittlauch
15 Cherry-Tomaten
Salz, Pfeffer aus der Mühle

Tipp: Je länger der Salat ziehen kann, desto mehr Geschmack nimmt er an. Am besten über Nacht marinieren. Der Salat kann auch mit Radieschenscheiben oder gehackter Frühlingszwiebel verfeinert werden.

Auf dem Berg und in der Stadt – einfach gut

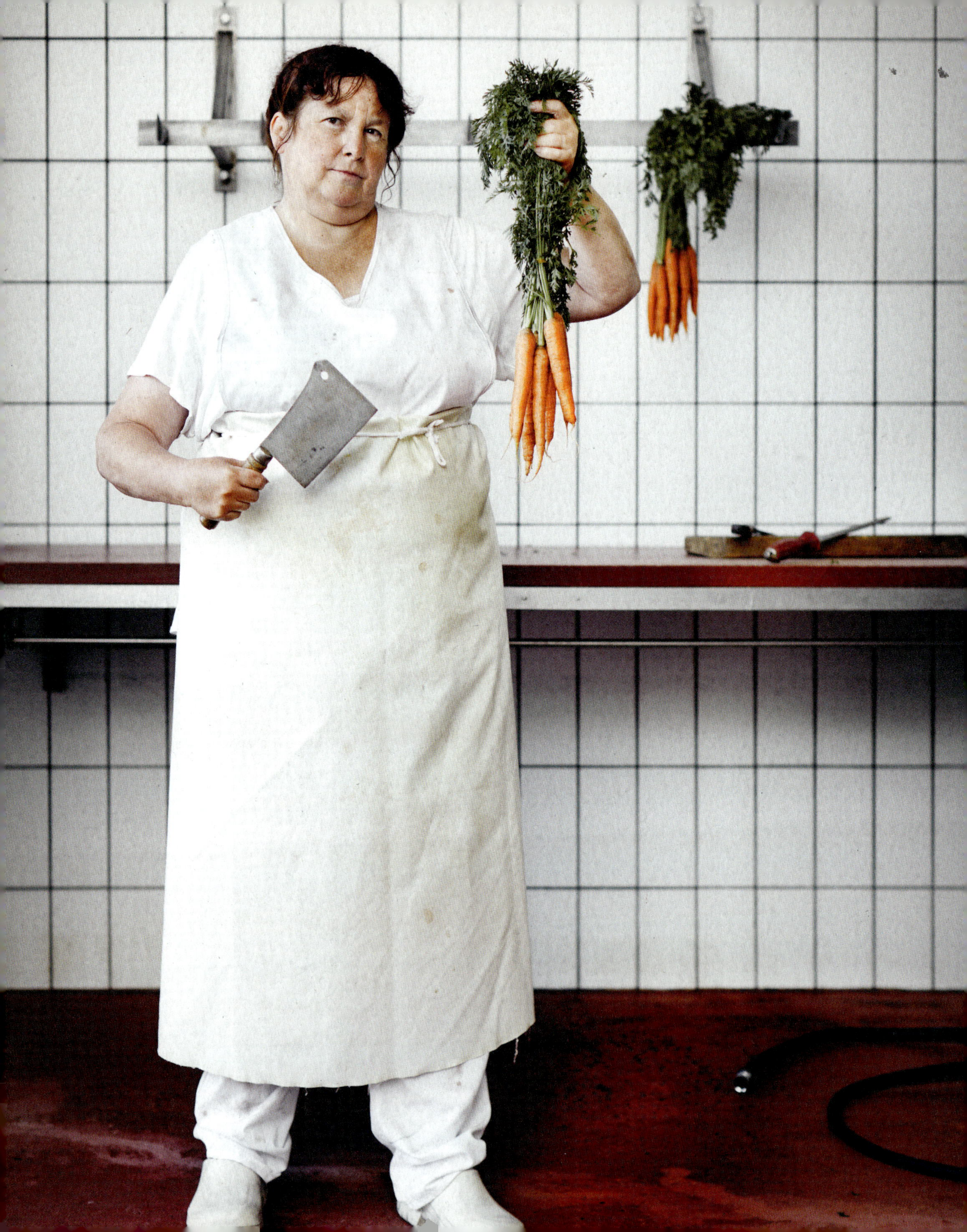

SUSY

56, malt gern in allen Farben und ist leidenschaftliche Regisseurin beim Laientheater

UND EWIG LOCKT DIE BEUTE

Ich mag Vegetarier. Und Veganer. Oder Rohkostanhänger. Nur, wenn sie mich nerven, dann erzähle ich oft, dass ich gerne Murmeltier esse, weil das ähnlich schmeckt wie Meerschwein. Ich mag aber auch Karnivoren, die sich vorwiegend von Fleisch ernähren. Oder Pescetarier, die kaum was anderes essen als Fisch und Meeresfrüchte. Doch wenn die mich nerven, erzähle ich oft, dass ich gerne mit Algenpulver marinierten Tofu esse, weil dieser für mich ähnlich schmeckt wie Brot aus Birkensägemehl.

-

Das löst die Spannung. Vor allem, wenn unterschiedliche Ernährungsweisen aufeinanderprallen. Denn wenn sich jemand für einen anderen Weg entschieden hat als ich, der Omnivore, dann macht er mich neugierig. Ich freue mich darüber, wenn er mir erzählt, wie er sich ernährt, wie er Speisen zubereitet und wie er seinen selbstgewählten Ernährungsplan ergänzt und anreichert. Wirklich zu interessieren beginnt er mich aber, wenn ich mit ihm das geniessen kann, was ihm am besten schmeckt. Denn ich bin ein Jäger, immer auf der Suche nach Beute, nach Geschichten und Gesichtern. Nach Menschen, die mit Leidenschaft gute Lebensmittel und Nahrung herstellen oder zubereiten. Und unter guter Nahrung verstehe ich ausschliesslich nachhaltig und möglichst nach klaren Bio-Richtlinien produzierte Nahrung, artgerecht gehaltene Tiere und ohne künstliche und völlig unnötige Zusatzstoffe verarbeitete Grundnahrungsmittel.

-

Seit Jahren beschäftige ich mich mit der Geschichte der Ernährung. Sie ist die Geschichte unserer Vorfahren, die sich bis weit ins 19. Jahrhundert hinein hauptsächlich und Tag für Tag mit der Beschaffung, dem Anbau, der Veredelung, der Verbesserung, der Konservierung oder der Zubereitung von Nahrung beschäftigt haben. Die wenigsten verschwendeten deshalb früher auch nur einen Gedanken daran, andere zu verachten, nur weil diese Murmeltier oder Dachs assen, oder andere zu verhöhnen, weil sie sich für eine rein vegetarische Kost entschieden hatten – oder weil sie sich schlicht kein Fleisch leisten konnten. Sicher, es gab auch früher schon Fanatiker, die in ihrer Ernährungsweise ihre moralische Überlegenheit suchten. Doch die Mehrheit musste von Natur aus neugierig sein, neugierig auf neue Produkte, neue Pflanzen, neues Gemüse oder neues Obst. Und auch auf neue Tierrassen. Oder auf fremde Zubereitungsarten. Wie etwa auch darauf, wie man ohne tierische Milch eine käseartige Masse zubereiten kann.

-

Da uns die Beute heute quasi vor die Haustüre gelegt wird, haben wir viel von dieser Neugier verloren, und viele neigen im Gegensatz zu unseren Vorfahren dazu, stur an ihrem Speiseplan festzuhalten. Als hätten wir immer schon gegessen, was wir heute essen – was schlicht nicht stimmt, bei aller Cervelat- und Gulaschfolklore. «Chörnlipicker» und annähernd Vollzeitvegetarier waren wir früher, alle unsere Vorfahren, nicht nur wegen der ewigen Getreidemusnahrung. Noch vor zweihundert Jahren lag der Jahres-Pro-Kopf-Verbrauch von Hülsenfrüchten bei 30 Kilogramm, heute sind es gerade noch 300 Gramm. Und wie das Vieh grasten auch unsere Vorfahren die im Frühjahr erwachenden Wiesen nach essbaren Pflanzen ab, wenn sich die Wintervorräte erschöpft hatten.

-

Doch gottlob finde ich diese Neugier, von der ich selbst lebe, immer wieder: ebenso oft bei Allesessern wie auch bei Vegetariern, bei Veganern oder bei Freunden, die sich der Rohkost verschrieben haben. Einer von ihnen – er schwört auf vegane Rohkost – hat mir zum ersten Mal ein sortenreines Traubenkernöl von der Chasselas-Traube zum Kosten gegeben, ein anderer – er Veganer – zeigte mir ein selbstgepresstes Öl aus Hagebuttenkernen. Beides traumhafte Öle, mit denen ich heute regelmässig koche. Leute wie sie machen mich neugierig, weil sie auf der Suche sind nach neuen Geschmäckern, um ihre Ernährungsweise mit weiteren Zutaten zu ergänzen. Oder zu ersetzen, was sie nicht mehr essen mögen, aus was für Gründen auch immer. So entstehen oft Produkte, die auch meinen Speiseplan bereichern.

Meine beiden veganen Freunde machen im Grundsatz nichts anderes als viele Konsumentinnen und Konsumenten, die sich von den vielfältigen veganen und vegetarischen Angeboten begeistern lassen. Sie mögen zwar konsequenter sein als die Gelegenheitsvegetarier oder Teilzeitveganer – zu denen die grosse Mehrheit der Gäste der vegetarisch-veganen Gastronomie heute gehört –, im Grunde ist ihre Motivation aber dieselbe. Sie haben alle keine Lust mehr auf Industriewürstchen und Billighühnchen, aber genauso wenig auf Beutelsuppen und Fertigsalatsaucen oder auf die ewig gleichen Salatteller mit den Maiskörnern und dem Selleriesalat aus der Büchse und den Randen aus dem Beutel aus dem Regal des Grossverteilers. Also kosten sie ein kräftiges indisches Curry mit Tofu, knabbern an einem frisch frittierten Tempeh-Chip, beissen herzhaft in einen Gemüseburger oder laben sich an einem mit würzigen Düften lockenden vegetarischen oder veganen Buffet. Nur täuschen lassen sollten sie sich später im Supermarkt nicht, so wenig wie der Fleischesser von den Marketingversprechen der Schlachtkonzerne: Die Regale der Grossverteiler werden mit industriellen und chemischen Geschmacksverstärkern aufgepeppten Gemüseburgern und Tofuwürstchen schneller aufgefüllt, als vegetarische Lokale ihre Pforten öffnen.

–

Ich selber mag übrigens Tofu, seit ich die asiatische Curry-Küche kennengelernt habe. Seitanwürstchen habe ich gekostet – so wie übrigens auch schon mal Kuttelwürste. Auf beides kann ich verzichten, sie schmecken mir schlicht nicht. Zudem habe ich das Privileg, den Verzicht wie auch meine Speisewahl meinem Geschmack zu überlassen. Und dieses Privileg möchte ich mir nicht nehmen lassen. Ich werde mich aber auch davor hüten, es anderen abzusprechen, würde mich das doch auf meiner Jagd nach Geschichten, nach Produkten und nach neuen Geschmäckern zu sehr einschränken. Wie sonst hätte ich die Läden in Spanien entdeckt, die ausschliesslich mit Hülsenfrüchten handeln? Sechzig unterschiedliche Kichererbsenarten habe ich dort gefunden und rund zweihundert unterschiedliche Linsensorten. Platterbsen habe ich erstmals überhaupt gekauft; einige Kilogramm davon habe ich in den vergangenen Monaten bereits in den unterschiedlichsten Gerichten verkocht.

–

Nie habe ich mir ernsthaft Gedanken darüber gemacht, meinen Fleischkonsum gezielt einzuschränken. Sondern immer nur darüber, neue Gerichte auszutesten, neue Zutaten und neue Produkte. Häufiger als einmal die Woche kommt Fleisch deshalb kaum mehr auf den Tisch. Weil ich in der Tomatensaison schlicht nicht weiss, warum ich mehr benötige als reife Tomaten, ein gutes Leindotteröl, einige Wildblüten aus dem Garten, etwas Räuchersalz und einen Spritzer Waldhonigbalsamico. Und weil ich frische Steinpilze nicht in einem Fleischfond ertränken, sondern sie kurz auf dem Feuer anrösten und mit etwas Olivenöl bespritzen und auf einem knusprigen Einkornbrot verspeisen möchte.

–

Mehr als vierzig Tomatensorten habe ich dieses Jahr getestet, rund zwanzig neue Birnensorten kennengelernt. Neuerdings habe ich zum ersten Mal eine mexikanische Yamrübe geschält, wie Rettich fein gehobelt und mit Limettensaft und etwas Salz gewürzt. Seit einigen Jahren beschäftige ich mich mit essbaren Wildpflanzen, rund zwanzig habe ich dieses Jahr neu in meinen Speiseplan aufgenommen. Erstmals habe ich so im Frühjahr einen Salat mit jungen, zarten Lindenblättern genossen und im Herbst einen Gratin mit den Wurzeln der Gemeinen Nachtkerze.

–

Neue Fleischprodukte finde ich kaum noch, freue mich aber genauso darüber, wie wenn ich ein neues Gemüse entdecke. Vor über einem Jahr war es das letzte Mal, dass ich eine spannende Wurst entdeckt habe: die «Chruutworscht» im Appenzeller Vorderland. Eine Wurst, die seit gut hundertfünfzig Jahren von wenigen Metzgern hergestellt wird: mit Fleisch natürlich, aber auch mit rund einem Drittel gekochtem Chabis. Und die war gut, wirklich gut. Nur auf die Idee, mich wegen des Weisskrauts in der Wurst bei jedem dritten Bissen als Teilzeitvegetarier zu bezeichnen, wäre ich dennoch nicht gekommen.

Dominik Flammer ist Food-Scout und Buchautor. Er beschäftigt sich seit dreissig Jahren mit der Ernährungsgeschichte. Seine Bücher sind international mit unzähligen Preisen ausgezeichnet worden.

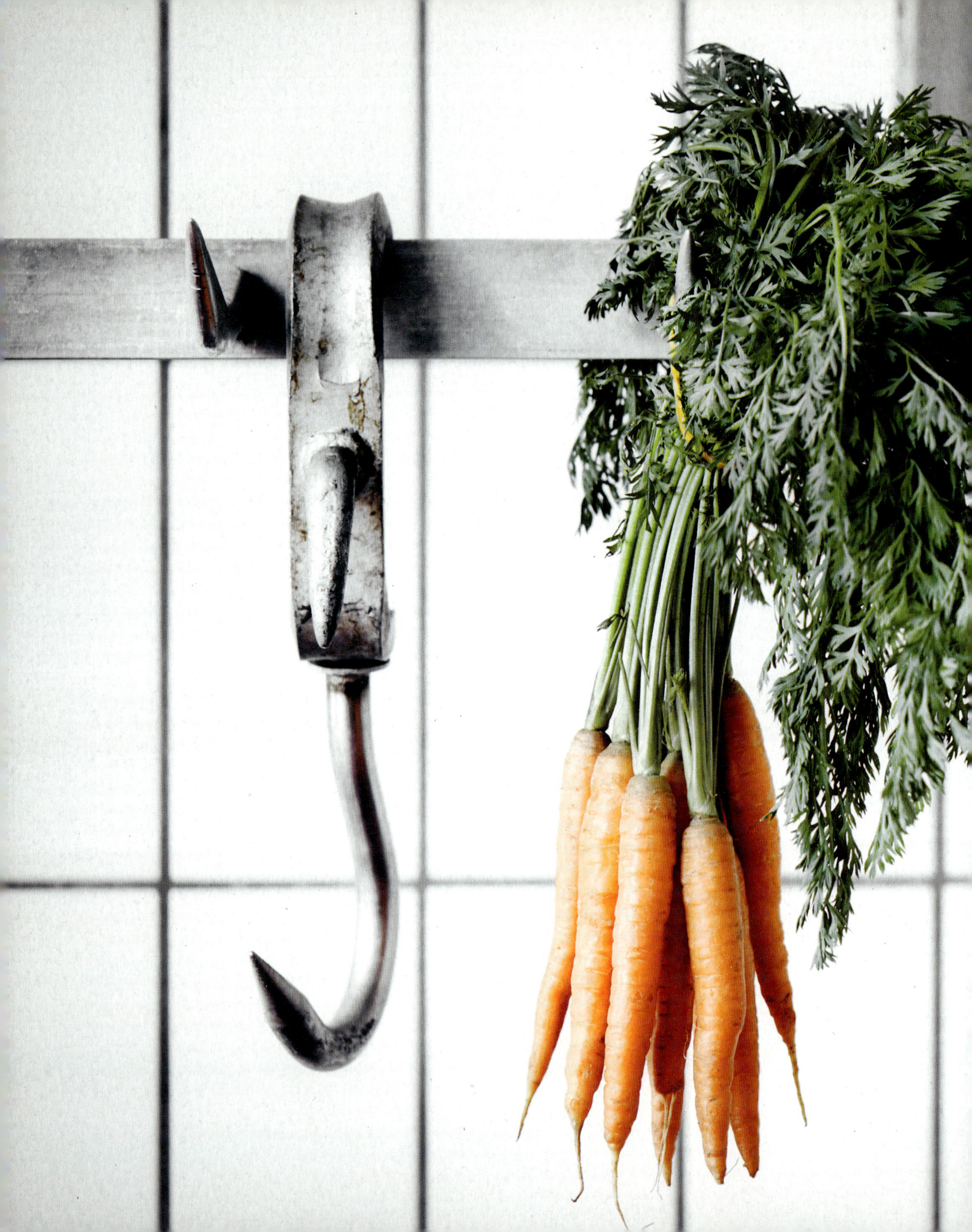

GRILL & SAUCEN

JERK TEMPEH

Jerk-Marinade:
Je 4 Zweige Thymian, Oregano
2 TL Maizena
4 TL Wasser
4 TL Sojasauce
4 EL Ahornsirup
2 Limetten, Saft
1 TL Paprika, edelsüss
1 TL Chilipulver
1 Messerspitze Asafoetida
1 TL Zimt, gemahlen
1 TL Piment, gemahlen
¼ TL Muskatnuss, gemahlen
¼ TL Nelken, gemahlen
Salz, Pfeffer aus der Mühle

400 g Tempeh

Mango-Cocktailsauce:
80 g Mangopulpe
120 g Reismayonnaise
35 g Ketchup
30 g frische Mango
2 Zweige Koriander
1 Zitrone, Saft
1 Spritzer Tabasco

Für die Marinade den Thymian und Oregano waschen, trockenschütteln, die Blättchen abzupfen und grob hacken. Mit den übrigen Zutaten für die Marinade in einer Schüssel verrühren und mit Salz und Pfeffer abschmecken. Den Tempeh in dünne Scheiben schneiden, mit der Marinade mischen und zugedeckt über Nacht ziehen lassen.

Für die Mango-Cocktailsauce die Mangopulpe mit der Reismayonnaise und dem Ketchup in einer Schüssel verrühren. Die Mango schälen, das Fruchtfleisch längs am Stein herunterschneiden und ganz klein würfeln. Den Koriander waschen, trockenschütteln und fein hacken. Koriander und Mangowürfel unter die restlichen Zutaten rühren und mit Zitronensaft und Tabasco abschmecken.

Die Tempeh-Scheiben aus der Marinade nehmen und goldbraun grillieren, dabei einmal wenden. Mit der Mango-Cocktailsauce servieren.

Tipp: Alternativ zum Grill kann der Jerk Tempeh auf einem mit Backpapier belegten Blech im Ofen bei 180 °C ca. 25 Minuten gebacken werden. Er eignet sich hervorragend als Füllung für Sandwiches oder gewürfelt in asiatischen Gerichten sowie Salaten. Anstatt Tempeh kann auch Tofu verwendet werden.

Proteinbombe nach kreolischer Art

ZITRONENGRAS TEMPEH

Tamarinden-Marinade:
2 Knoblauchzehen
3 Schalotten
2 Kaffirlimettenblätter
1 EL Sojasauce
2 TL Rohzucker
2 TL Tamarindensauce
Salz, Pfeffer aus der Mühle
-
200 g Tempeh

Sweet-Chili-Sauce:
1 nussgrosses Stück frischer Ingwer
0,7 dl Wasser
3 EL Apfelessig
120 g Rohzucker
5 g Maizena
20 g Sambal Oelek

1 Zitronengrasstengel
1 EL neutrales Pflanzenöl
½ Bund Koriander

Für die Marinade den Knoblauch und die Schalotten schälen und fein hacken. Die Mittelrippe der Kaffirlimettenblätter entfernen und die Blätter in feine Streifen schneiden. Den Knoblauch, die Schalotten und Kaffirlimettenblätter mit der Sojasauce, dem Zucker und der Tamarindenpaste in einer Schüssel mischen und mit Salz und Pfeffer abschmecken.
-
Den Tempeh in längliche, fingerdicke Streifen schneiden, sie mit der Marinade mischen und bei Raumtemperatur 25 Minuten ziehen lassen.
-
Währenddessen für die Sweet-Chili-Sauce den Ingwer schälen, fein hacken und mit dem Wasser, Apfelessig und dem Zucker in einem Topf zum Kochen bringen. Das Maizena mit wenig Wasser anrühren, zu den restlichen Zutaten in den Topf geben und die Sauce 5-10 Minuten bei kleiner Hitze einkochen lassen. Das Sambal Oelek dazugeben, nochmals 2 Minuten kochen, dann abkühlen lassen.
-
Den Zitronengrasstengel in zwei 5 cm lange Stücke schneiden, längs vierteln und im Mörser fein zerstampfen. Anschliessend im heissen Öl knusprig braten. Den Koriander waschen, trockenschleudern und fein hacken.
-
Die Tempeh-Streifen aus der Marinade nehmen und rundum goldbraun grillieren. Mit dem knusprigen Zitronengras und gehackten Koriander bestreut servieren. Die Sweet-Chili-Sauce dazu reichen.

Tipp: Die Sweet-Chili-Sauce hält sich in einem Schraubglas im Kühlschrank mehrere Wochen.

40 Minuten | 4 Portionen

Die nächsten Ferien kommen bestimmt

SATAY-SPIESSE

Für die Marinade den Knoblauch schälen und fein hacken. Dann in einer Schüssel mit den restlichen Zutaten vermischen.

—

Die Quornschnitzel längs dritteln und auf Holzspiesse stecken. Dann auf ein mit Backpapier belegtes Blech oder in eine Gratinform legen, mit der Marinade bestreichen und 30 Minuten ziehen lassen.

—

Währenddessen für die Satay-Sauce den Palmzucker im Mörser in kleine Stücke zerstampfen oder mit einem scharfen Messer zerkleinern. Das Öl in einem Topf erhitzen, die Currypaste dazugeben und kurz anbraten. Die gehackten Erdnüsse mit den restlichen Zutaten dazugeben und bis zur gewünschten Dicke einkochen. Dann die Sauce mit dem Stabmixer grob mixen und abkühlen lassen, dabei dickt sie noch mehr ein.

—

Die Satay-Spiesse aus der Marinade nehmen und auf dem Grill rundum goldbraun braten. Mit der Satay-Sauce servieren.

Knoblauch-Kokos-Marinade:
5 Knoblauchzehen
2 TL Hiltl Curry
0,5 dl Kokosmilch
2 EL Sojasauce
1 EL Rohzucker
2 EL neutrales Pflanzenöl

—

5 Quornschnitzel

Satay-Sauce:
30 g Palmzucker
1 EL neutrales Pflanzenöl
½ EL rote Thai-Currypaste (S. 120/121)
50 g gehackte Erdnüsse
1,5 dl Kokosmilch
1 TL Limettensaft
1½ EL Sojasauce

—

15 Holzspiesse

Tipp: Anstatt Quorn können auch Tempeh oder Tofu verwendet werden. Diese dafür in 1 cm breite Streifen schneiden.

50 Minuten | 15 Spiesse

Indonesien am Spiess

ROTE THAI-CURRYPASTE

Die Schalotte, Knoblauchzehen und Galgant schälen und mit den Chilis fein hacken. Die Mittelrippe bei den Limettenblättern entfernen, die Blätter möglichst fein hacken. Das untere Drittel vom Zitronengras fein hacken.

Alle Zutaten in einem hohen Gefäss mit dem Stabmixer oder im Mörser zu einer feinen Paste verarbeiten.

1 Schalotte
7 Knoblauchzehen
1 nussgrosses Stück Galgant
40 g kleine rote Chilischoten, entstielt
3 Kaffirlimettenblätter
1 kleiner Stengel Zitronengras
½ Bio-Limette, Zesten
½ TL Koriandersamen
¼ TL Kreuzkümmel, gemahlen
¼ TL schwarzer Pfeffer, gebrochen
¼ TL Muskatnuss, gemahlen
1 EL Salz
1 dl neutrales Pflanzenöl

Tipp: In einem Schraubglas mit Öl bedeckt ist die Paste 4 Wochen im Kühlschrank haltbar. Sie lässt sich ebenso wunderbar einfrieren.

20 Minuten | ergibt 140 Gramm

Da wird Paste aus der Dose überflüssig

CREVETTEN-SPIESSE

Für die Marinade den Knoblauch und Ingwer schälen und ganz fein hacken. Mit den restlichen Zutaten für die Marinade in einer Schüssel verrühren.

Je vier Crevetten auf die Zitronengrasstengel stecken, in eine Gratinform legen, mit der Marinade mischen und 1 Stunde im Kühlschrank ziehen lassen.

Währenddessen für die Curry-Margarine die weiche Margarine in einer Schüssel mit den übrigen Zutaten sorgfältig verrühren. Mit angefeuchteten Händen auf ein Stück Klarsicht- oder Alufolie geben, dabei leicht zur Rolle formen. Dann die Folie darüberklappen und die Margarine in Rollenform einwickeln und kühl stellen.

Die Crevetten-Spiesse aus der Marinade nehmen und bei mittlerer Hitze auf dem Grill oder in einer Grillschale 2–3 Minuten grillieren, dabei mehrmals wenden.

Die Curry-Margarine aus dem Kühlschrank holen, die Alufolie abwickeln und die Curry-Margarine in Scheiben schneiden. Die Spiesse mit der übrigen Marinade beträufeln und mit der Curry-Margarine servieren.

Ingwer-Limetten-Marinade:
5 Knoblauchzehen
1 nussgrosses Stück frischer Ingwer
1 Bio-Limette, Saft und Zesten
1 TL Salz
2 dl Olivenöl

24 vegane Crevetten
8 Zitronengrasstengel

Curry-Margarine:
150 g vegane Margarine, weich
1 Prise Chilipulver
¼ TL Salz
75 g Madras-Sauce (S. 86/87)

Tipp: Mit der Marinade schmecken auch Tofu und Gemüse wie Zucchetti, Aubergine, Pilze oder Peperoni sehr fein. Die Curry-Margarine kann anstatt in Scheiben auch als cremiger Dip dazu gereicht werden. Dafür ca. 15 Minuten bei Zimmertemperatur stehen lassen.

Frisch gefangen in der Vegi-Metzg

ORIENTALISCHES SEITAN

Raz el Hanout-Marinade:
Je 1 Zweig Oregano und Majoran
1 EL Raz el Hanout
1 EL Randenpulver
1 EL Paprika, edelsüss
100 g Sojajoghurt
1 Zitrone, Saft
2 EL Olivenöl

400 g Seitan-Scheiben, 0,5 mm dünn, 20 cm Ø

Kräuterquark:
70 g Gurke
je 2 Zweige Petersilie, Schnittlauch und Dill
125 g Magerquark
1 Prise Asafoetida
1 Msp. Hiltl Bouillonpulver
Zitronensaft, Rohzucker, Salz, Pfeffer aus der Mühle

Für die Marinade die Kräuterzweige waschen, trockenschütteln und die Blättchen abzupfen. Dann mit den Gewürzen, dem Joghurt und dem Öl in einer Schüssel verrühren.

Das Seitan mit dem Sparschäler in dünne Streifen schneiden, gut mit der Marinade mischen und 1 Stunde zugedeckt im Kühlschrank ziehen lassen.

Währenddessen für den Kräuterquark die Gurke waschen, halbieren und die Kerne mit einem Löffel herauskratzen. Die Gurke an der Röstiraffel in ein Sieb reiben. Die Kräuter waschen, trockenschütteln und fein hacken. Mit dem Magerquark und den Gewürzen in einer Schüssel verrühren. Die Gurkenstreifen mit den Händen ausdrücken und unter den Quark rühren. Mit Zitronensaft, Zucker, Salz und Pfeffer abschmecken.

Das Seitan aus der Marinade nehmen und in einer Grillschale auf dem Grill bei kleiner Hitze anbraten, dabei mehrmals wenden. Mit Salz und Pfeffer würzen und mit dem Kräuterquark servieren. Dazu passt Pita- oder Fladenbrot.

Tipp: Das orientalische Seitan schmeckt hervorragend als Füllung in Sandwiches oder als Topping für einen grünen Salat.

Aladins Leibspeise

TOFU TERIYAKI MIT SPICED MANGO

Den Tofu in 2 cm grosse Würfel schneiden und über Nacht in einer Schüssel mit der Teriyaki-Sauce im Kühlschrank marinieren.

Die Mango schälen, das Fruchtfleisch längs vom Stein wegschneiden und dann in 2 cm grosse Würfel schneiden.

Den Koriander waschen, trockenschütteln und fein hacken. Dann mit dem Orangensaft und den Peperoncini in ein hohes Gefäss geben und mit dem Stabmixer pürieren. Die Sauce mit den Mangowürfeln mischen.

Je einen marinierten Tofuwürfel mit je zwei Mangowürfeln auf einen Spiess stecken. Die Spiesse in einer Grillschale bei kleiner Hitze am Rand des Grills braten, dabei mehrmals wenden.

150 g Tofu
300 g Teriyaki-Sauce
240 g Mango
1,5 dl Orangensaft
½ Bund Koriander
2 grosse rote Peperoncini, mittelscharf
-
16 kleine Holzspiesse, 4 cm lang

25 Minuten (exkl. Marinieren) | 16 Spiesse

Sweet and spicy

PANEER TIKKA

Den Backofen auf 200 °C vorheizen.

Die Zwiebeln schälen und vierteln. Den Stielansatz der Tomaten entfernen, Tomaten ebenfalls vierteln. Die Peperoni rüsten und mit dem Paneer und der Ananas in mundgerechte Stücke schneiden. Achtung: Nicht zu kleine Stücke schneiden, sonst fallen sie von den Spiessen.

Das Gemüse und den Paneer jeweils abwechselnd auf die Spiesse stecken. Die Spiesse auf ein mit Backpapier belegtes Blech setzen.

Alle Zutaten für die Marinade in einer Schüssel miteinander verrühren, über die Spiesse geben und ca. 30 Minuten marinieren.

Die Paneer-Spiesse auf dem Grill braten, dabei mehrmals wenden.

2 Zwiebeln
2 Tomaten
1 rote Peperoni
500 g Paneer
100 g Ananas, gerüstet

Joghurt-Marinade:
3 EL Nature-Joghurt
½ Zitrone, Saft
1 EL Olivenöl
1 TL Tomatenpüree
2 TL Salz
1 TL Chilipulver
1 TL Koriander, gemahlen
1 TL Kreuzkümmel, gemahlen

16 Holzspiesse, 15 cm lang

Tipp: Zum Marinieren der Spiesse am besten Einweghandschuhe tragen. So lässt sich die Marinade gleichmässig über dem Gemüse verteilen. Alternativ können die Spiesse auch bei 180 °C im Ofen für 25 Minuten gebacken werden.

Schmeckt nicht nur aus dem indischen Tandoori-Ofen

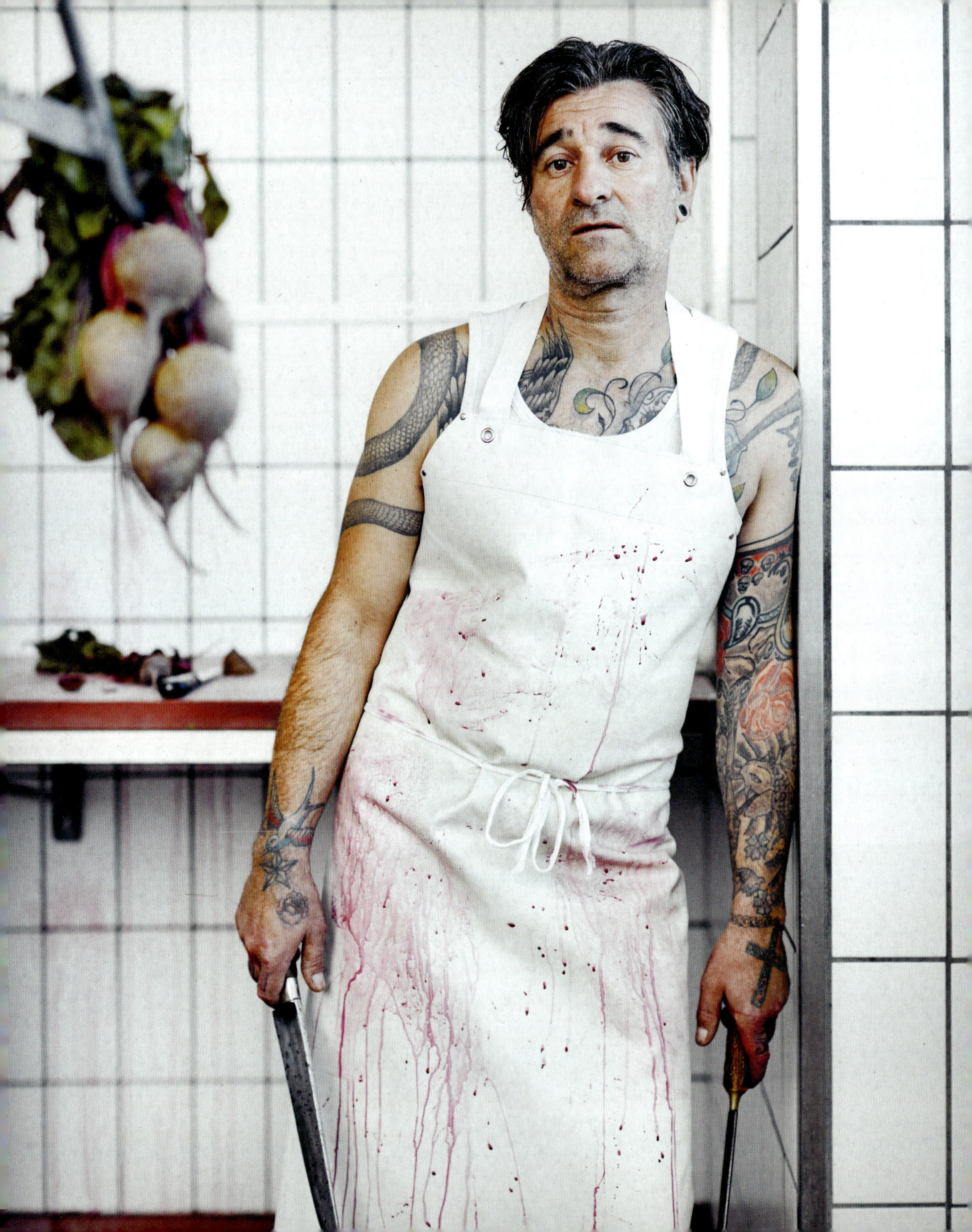

OLIVER

50, baut Vintage-Möbel und schraubt in seiner Freizeit stundenlang an alten Motorrädern rum

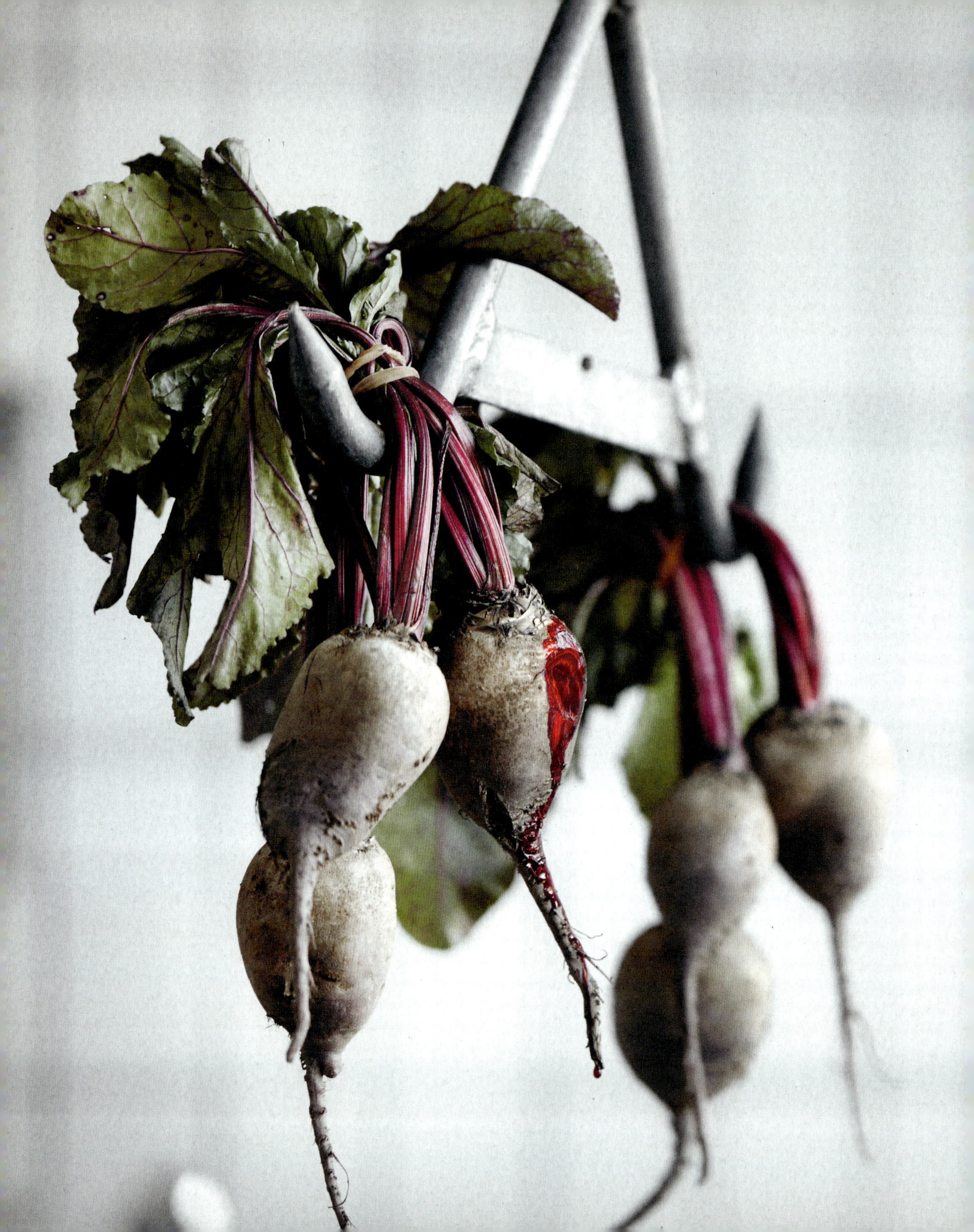

UNSER FLEISCH

SOJAMILCH, OKARA & TOFU

Die Sojabohnen in reichlich Wasser über Nacht einweichen lassen. Am nächsten Tag die Sojabohnen abgiessen und in einem Standmixer mit 3 Liter Wasser pürieren. Die Sojamasse in einen Topf füllen, aufkochen und bei mittlerer Hitze unter ständigem Rühren ca. 20 Minuten köcheln lassen. Achtung: Bei zu starker Hitze kann es überkochen! Im Bedarfsfall den Topf kurz vom Herd ziehen. Ein Sieb über eine grosse, tiefe Edelstahlschüssel hängen (die Schüssel dient zum Auffangen der Sojamilch). Das Passiertuch anfeuchten und das Sieb damit auslegen. Die Sojamasse noch heiss nach und nach in das Passiertuch giessen.

Das Passiertuch aus dem Sieb nehmen, zusammendrehen (Vorsicht: heiss!), und die Sojamilch auspressen. Das zugedrehte Passiertuch zurück in das Sieb setzen und zusätzlich mit einem Kochlöffel oder breiten Spatel ausdrücken, bis möglichst alle Sojamilch ausgetreten ist.

Den Pressrückstand (Okara) im Passiertuch in eine Schüssel füllen und mit 7,5 dl heissem Wasser verrühren. Die entstehende Masse dann noch einmal in das Passiertuch im Sieb giessen und erneut so lange ausdrücken, bis keine Flüssigkeit mehr austritt. Das Okara anderweitig verwenden, z.B. für feine Burger (S. 54/55), Hackbällchen (S. 46/47) oder Hackbraten (S. 52/53).

⏱ 40–50 Minuten (exkl. Einweichzeit über Nacht) | ca. 700 g fester Tofu (mit 2 kg Pressgewicht) und 900 g Okara

Nigari in 2,5 dl Wasser auflösen. Die Sojamilch kurz erhitzen, dann von der Hitze nehmen und ca. ⅓ des Nigari-Wassers unter kräftigem Rühren in die Sojamilch giessen. Das übrige Nigari-Wasser vorsichtig an der Oberfläche der Sojamilch einrühren und alles 8–10 Minuten stehen lassen. Erneut ein Sieb über eine grosse, tiefe Edelstahlschüssel hängen (die Schüssel dient zum Auffangen der Sojamolke). Das Passiertuch anfeuchten und das Sieb damit auslegen.

Die geronnene Sojamilch vorsichtig in das Passiertuch giessen und es über der Tofumasse zusammenfalten. Mit einem Topfdeckel abdecken und mit einem Gewicht von 2 kg (z.B. mit Konservendosen, gefüllter Kochtopf) beschweren, dann 10–15 Minuten stehen lassen. Die aufgefangene Sojamolke anderweitig verwenden, z.B. als Zutat in Suppen, Smoothies oder Säften.

Eine grosse Schüssel mit eiskaltem Wasser füllen. Den Tofu aus dem Passiertuch nehmen und in kaltes Wasser einlegen. Er kann sofort verwendet werden.

Tipp: Wer den Tofu nicht gleich verwenden möchte, kann ihn in einer Tupperschüssel mit Wasser bedeckt im Kühlschrank bis zu 3 Tage lang aufbewahren.

500 g getrocknete Sojabohnen
8 g Nigari

SEITAN

Am Vortag das Mehl in eine Schüssel geben, nach und nach 6 dl lauwarmes Wasser hinzufügen und alles mit den Händen zu einem glatten Teig verkneten. Diesen zu einer Kugel formen und zugedeckt 30 Minuten bei Raumtemperatur stehen lassen. Nach den 30 Minuten mit einem Finger eine Mulde in den Teig drücken. Wenn sie von alleine wieder verschwindet, hat er lange genug geruht – ansonsten nochmals 15-30 Minuten zugedeckt ruhen lassen. Wie lange der Teig ruhen muss, kommt auf die Raumtemperatur an – im Sommer geht es schneller, im Winter langsamer.

Dann etwas lauwarmes Wasser (ca. 5 dl) in die Schüssel zu dem Teig geben und ihn vorsichtig mit der einen Hand im Wasser kneten, in dem man ihn immer wieder gegen die Schüsselwand und den Schüsselboden drückt; den Teig dabei mit der anderen Hand zusammenhalten. Beim Kneten unbedingt darauf achten, dass der Teig seine Form behält und nicht auseinanderfällt. Dafür den Teig mit der anderen Hand zusammenhalten. Das Wasser nimmt beim Kneten eine milchige Farbe an, da sich die Stärke aus dem Mehl löst.

Wenn das Wasser von der Stärke sehr milchig ist, es abgiessen und erneut 5 dl frisches, lauwarmes Wasser in die Schüssel füllen und mit dem Kneten fortfahren. Diesen Vorgang so oft wiederholen, bis das Wasser klar bleibt und alle Stärke ausgewaschen ist (15-20 Minuten). Der Teig hat nun eine elastische, schwammige Konsistenz. Den Teig vollständig mit Wasser bedeckt über Nacht im Kühlschrank ruhen lassen. Am nächsten Tag das Wasser abgiessen und – falls das Wasser trüb gewesen ist – das Seitan kurz unter lauwarmem Wasser abspülen. Wenn das Wasser klar gewesen ist, muss der Teig nicht abgespült werden.

⏱ 1 Stunde 15 Minuten (exkl. Ruhezeit über Nacht) | 400 g Seitan

In einer Schüssel das Salz mit dem Bouillonpulver, dem Szechuanpfeffer und dem Sesamöl verrühren. Den Teig in zwei Hälften teilen, beide zu einer Rolle formen und in der Marinade wenden. Dann beide Rollen in Alufolie oder kochfeste Klarsichtfolie einwickeln und im kochenden Wasser 15–20 Minuten ziehen lassen.

Gegen Ende der Garzeit die Seitanrollen aus dem Wasser heben und als Test kurz mit dem Finger eindrücken. Wenn die eingedrückte Mulde wieder verschwindet, hat das Seitan die richtige Konsistenz, ansonsten noch etwas weiterköcheln – Vorsicht, es darf nicht zu hart werden!

Die Seitanrollen aus der Folie wickeln, in dünne Scheiben schneiden und nach Belieben weiterverwenden. Sie schmecken sehr gut gebraten in Wokgerichten sowie paniert oder frittiert mit Chutneys oder Dips.

Tipp: Die gekochten Seitanrollen bleiben in Folie gewickelt 2–3 Tage im Kühlschrank frisch. Ebenso können sie problemlos eingefroren werden, so dass man immer Seitan auf Vorrat hat.

1 kg Weissmehl
½ TL Salz
1 TL Hiltl Bouillonpulver
1 TL Szechuanpfeffer
2 EL Sesamöl

PANEER

1. Die Milch in einer grossen Pfanne erhitzen, bis sie aufsteigt. Dann den Essig und den Zitronensaft unterrühren. Das Milcheiweiss (Paneer) flockt aus.

2. Ein Passiertuch anfeuchten und das Sieb damit auslegen. Die geronnene Milch vorsichtig hineingiessen.

3. Den entstandenen Käse im Sieb unter fliessendem kaltem Wasser ca. 1 Minute spülen.

⏱ 20 Minuten (exkl. Ruhezeit über Nacht) | 400 g

Anschliessend die Tuchenden zusammennehmen und die Flüssigkeit gut herauspressen. Verknoten oder binden und zwischen zwei Schneidebretter legen. Mit 2 kg Gewicht, z.B. Konservendosen, über Nacht im Kühlschrank beschweren.

Der Paneer ist danach schnittfest. Wir empfehlen die Zubereitung im Backofen. Dafür den Paneer in 2 cm grosse Würfel schneiden und auf einem mit Backpapier belegten Blech verteilen. Im vorgeheizten Backofen bei 200 °C ca. 15 Minuten backen. Nun kann der Paneer beliebig weiterverwendet werden, z.B. als Einlage für Salate, Eintöpfe, Curries oder für Spiesse (S. 128/129). Geraffelt eignet er sich auch gut als Zutat für Burger oder Bratlinge.

Tipp: Im Kühlschrank ist der Paneer vier Tage haltbar. Zum Einfrieren eignet er sich nicht besonders gut, weil er bröcklig wird.

2 l Bio-Milch
6 EL Apfelessig
2 EL Zitronensaft

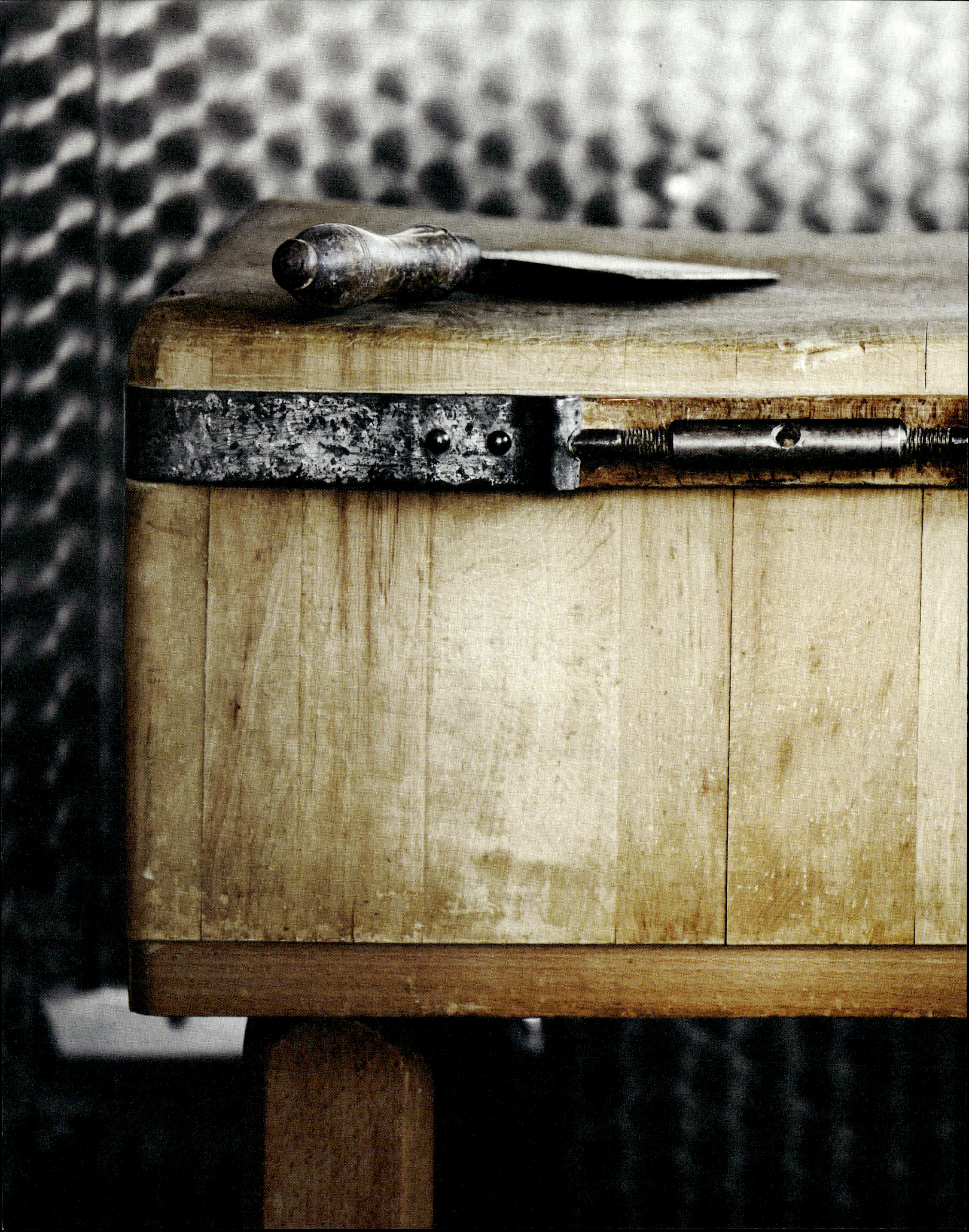

ANHANG

GLOSSAR

Agar oder Agar-Agar
Dieses aus Rotalgen gewonnene Geliermittel wird in Europa wegen seines hohen Preises mehrheitlich in der veganen Küche als Verdickungsmittel eingesetzt. Es ist ein perfekter Ersatz für Gelatine. In Südostasien gehört es insbesondere für Puddings und andere Desserts zu den Grundzutaten. Der Name stammt aus dem Indonesischen und ist mit Sulz oder Gelee gleichzusetzen. Erhältlich ist Agar-Agar in Pulverform.

-

Ahornsirup
Gewonnen wird dieser malzig-würzige Sirup vorwiegend in Kanada und den USA aus dem Saft des Zuckerahorns. In Zeiten des Zuckermangels versuchte man selbst in Europa, diesen Baum anzubauen. Ohne grossen Erfolg, denn bis ein Baum Saft liefert, ist ein halbes Menschenleben schon vorbei. Um einen Liter Sirup zu erhalten, müssen einige Dutzend Liter Saft eingekocht werden. Für diese Menge wird ein Ahornbaum etwa vierzehn Tage lang angezapft. Seinen charakteristischen Geschmack erhält der Ahornsirup, da der Zucker durch das Einkochen des Saftes leicht caramelisiert.

-

Apfel-Preiselbeeren-Kompott
Dieses säuerlich-süsse Kompott ist in der Hiltl Vegi-Metzgerei saisonal erhältlich, so wie andere Herbstspezialitäten. Es eignet sich perfekt zu Spätzli oder als fruchtiger Begleiter zu Älplermagronen.

Asafoetida
Das vor allem in der indischen Küche als Knoblauchersatz weitverbreitete Gewürz, das auch unter den Namen Teufelsdreck oder Asant bekannt ist, wird von der gleichnamigen Pflanze gewonnen, die auf lateinisch Ferula assa-foetida heisst. Es passt vor allem als Würze zu Hülsenfrüchten und Bohnen, da es mit ihnen kombiniert sein mildes Aroma am besten entfaltet und verdauungsfördernd wirkt.

-

Birnel
Bis zur Züchtung und Verbreitung des Rohrzuckers und später der Zuckerrübe war Birnenhonig oder Birnel in der Schweiz eines der wichtigsten Süssungsmittel. Durch das Pressen, Kochen, Abseihen und anschliessend das langwierige Einkochen des Birnensaftes gewinnt man eine leicht säuerliche und caramelartige Birnenlatwerge. Birnenhonig ist bekannt dafür, dass er unendlich lange haltbar ist und mit dem Alter immer besser wird. Veganer nutzen Birnel als Honigersatz.

-

Bolognese-Sauce (vegan)
Unsere Bolognese wird aus Sojagehacktem und viel kleingeschnittenem Gemüse hergestellt. Die perfekte vegane Zutat für Pasta Bolognese oder für eine vegane Lasagne.

-

Bratwürste fränkische Art
Diese auf Seitan-Basis hergestellten Würste werden mit den klassischen Wurstgewürzen wie Majoran, Kümmel und Knoblauch veredelt. Sie können in der Pfanne gebraten werden, eignen sich aber auch perfekt für ein Grillfest.

-

Café de Paris (vegan)
Die hauseigene Hiltl Café de Paris wird mit unserer veganen Margarine hergestellt, die mit frischen Kräutern und mit Salz vermischt wird. Entstanden sein soll sie übrigens in der Schweiz, nämlich im Genfer Edellokal Restaurant du Coq d'Or, wo die kalte Kräuterbutter erstmals in den 1930er Jahren serviert worden sein soll.

-

Cashewnüsse
Eigentlich handelt es sich nicht um echte Nüsse, sondern um die Kerne des Cashewapfels. Unverarbeitet sind sie giftig, erst durch das Rösten und die Entfernung der Schale werden sie essbar. Ursprünglich stammen sie aus Brasilien, heute sind sie aber weltweit verbreitet und insbesondere in Asien als Zutat für viele Gerichte sehr beliebt. Mit Salz vermahlene Cashewnüsse sind auch ein wunderbarer veganer Käseersatz, Cashewmus dient in der veganen Küche zudem häufig als Rahmersatz für Saucen und Dressings.
-
Cocktailsauce
Diese vegane Sauce wird aus Tomaten und mit Reismayonnaise hergestellt und mit Olivenöl, Kräutern und Gewürzen veredelt. Sie eignet sich hervorragend zu allen frittierten Speisen oder zum vegetarischen Hiltl Burger.
-
Coleslaw
Der Klassiker unter den Kohlsalaten aus fein gehobeltem Kohl und Karotten wird in der Hiltl Vegi-Metzgerei in der veganen Variante angeboten. Zubereitet wird er mit Reismayonnaise und verschiedenen Gewürzen.
-
Cordon bleu
Mit Seitan werden die Schnitzel für das Hiltl Cordon bleu hergestellt und mit Räuchertofu und vegetarischem Käse gefüllt, bevor sie paniert werden. Der vegetarische Käse für diesen Hiltl Klassiker wird übrigens mit mikrobiellem Lab hergestellt, das wiederum aus Schimmelpilzen gewonnen wird. Verwendet wird bei Hiltl ausschliesslich Bio-Seitan.
-
Crevetten (vegan)
Die veganen Crevetten werden aus dem Mehl der Maniokwurzeln hergestellt, das zu den wichtigsten Grundnahrungsmitteln eines Grossteils der Weltbevölkerung gehört. Bevor daraus die Crevetten geformt werden, wird die Masse mit Paprika eingefärbt und gewürzt. Maniok wird auch Kassava oder Yucca genannt.
-
Curry-Margarine
Diese Gewürzmargarine hat sich längst zum Hiltl Klassiker gemausert. Hergestellt wird sie mit veganer Margarine und einer der hauseigenen Currymischungen.
-
Dinkel-Seitan (siehe auch Seitan)
Seitan kann aus Weizen, aber auch aus Dinkel hergestellt werden, einer Art Urweizen, der insbesondere in der Schweiz über Jahrhunderte das wichtigste Getreide überhaupt war. Wie Weizen-Seitan wird auch Dinkel-Seitan durch das Auslaugen der Getreidestärke hergestellt. Das bei Hiltl erhältliche Dinkel-Seitan wird mit Sojasauce mariniert und in Zedernfässern gereift.
-
Galgant
Diese Wurzeln verschiedener Ingwergewächse können getrocknet oder auch frisch vielseitig für die Küche verwendet werden. Genannt wird Galgant oft auch Galanga oder Galangawurzel. Diese säuerlich-scharfen und sehr würzigen Wurzeln sind ein zentraler Bestandteil vieler Thai-Currypasten. Oft werden sie aber auch in dünnen Scheiben in Suppen oder Gemüsegerichten mitgekocht.
-
Hiltl Bouillonpulver
Sie enthält im Gegensatz zu anderen Bouillonprodukten keine allergenhaltigen Zutaten. Ein rein veganes Produkt, das nicht nur für eine würzige Suppe verwendet wird, sondern auch als Streuwürze eingesetzt werden kann.

Grüne Thai-Currypaste
Diese frisch in der Hiltl Küche zubereitete klassische und würzige Thai-Currypaste wird ausschliesslich aus frischen Zutaten hergestellt. Und das ohne Konservierungsstoffe, weshalb sie schnell verkocht und nicht allzu lange aufgehoben werden sollte. Sie ist rein vegan, wird also im Gegensatz zu handelsüblichen Thai-Curries ohne Crevettenpaste und Fischsauce zubereitet.

Hiltl Hackbraten
Die Hiltl Köche stellen diesen vegetarischen Hackbraten nach traditionellem Rezept her. Die Basis dafür liefern Sojagehacktes und Brot, das mit fein geschnittenem Gemüse vermischt wird.

Hiltl Burger
Diese vegetarische Burger-Variante aus Gemüse und Sojagehacktem gehört zu den Favoriten im Hiltl. Zu den Grundzutaten gehören Ei, Brot und fein gehacktes Gemüse. Der Burger ist frisch aus der Metzger-Theke oder auch als Tiefkühlprodukt erhältlich.

Hiltl Curry und Hiltl Madras Curry
Die Hiltl Currymischungen werden nach einem geheimen Hausrezept aus ausgesuchten Gewürzen hergestellt, die Margrith Hiltl in den 1950er Jahren von einer Reise nach Indien an den Welt-Vegetarier-Kongress mit nach Hause gebracht hat.

Hiltl Senf
Den vielseitigen Senf verwenden wir für fast alle unsere Gerichte, die diese Würze benötigen. Hergestellt wird er mit ausgesuchten Senfkörnern und mit veganem Essig, der nicht mit tierischer Gelatine geklärt wurde.

Hiltl Ketchup
Hergestellt wird unser hauseigenes Ketchup mit Tomaten, Zucker, Essig, Salz und verschiedenen Gewürzen. Die ideale Kombination mit unserem Hiltl Burger.

Hiltl Tatar
Unser absoluter Bestseller und ein lange gehütetes Geheimrezept. Zubereitet wird es aus Soja, Auberginen, Zwiebeln, Kapern und einer klassischen Tatarmarinade.

Kaffirlimettenblätter
Die erst seit wenigen Jahren in Europa bekannten Limettenblätter stammen vom Kaffirlimettenstrauch, der insbesondere in Südostasien weit verbreitet ist. Sie eignen sich insbesondere als Würze für Suppen, werden aber auch oft zur Veredelung von Currygerichten eingesetzt oder als erfrischende Würze für Obstkompott oder Apfelmus. Sie sind bei Hiltl als Tiefkühlprodukt erhältlich, halten sich tiefgefroren einige Monate und verlieren dadurch auch nicht ihren unverkennbar würzig-zitronigen Geschmack.

Käse mit mikrobiellem Lab
Der Milch für diesen Käse wird mikrobielles Lab, das aus Bakterien gewonnen wird, beigesetzt anstelle von traditionellem Lab, das aus den Mägen von Wiederkäuern hergestellt wird. Somit ist es der perfekte Käse für Vegetarier.

Klebreis
Diese spezielle Reissorte ist von der Farbe her weisser und gleichzeitig dichter als jeder andere Reis, denn sie verfügt über einen enorm hohen Stärkegehalt. Den Klebreis kocht man nicht, sondern dämpft ihn in Bambuskörbchen über Wasserdampf. Während dieses Dampfprozesses wird

der Reis konstant mit einem Reislöffel gewendet. Klebreis wird aber auch geröstet und gemahlen und so als «crispy», also knackig-körniges Reispulver, über zahlreiche Gerichte gestreut, wie beispielsweise über lauwarme Salate der thailändischen Küche.
-
Kokosmilch
Die aus dem Fruchtfleisch der Kokosnuss gewonnene Kokosmilch gehört zu den Top-Zutaten der asiatischen Küche. Produziert wird sie durch verschiedene Verfahren, mit denen das Fruchtfleisch der Kokosnuss durch Zugabe von Wasser zu einer dickflüssigen Masse verarbeitet und dann durch ein Sieb oder ein Tuch passiert wird. Die Kokosmilch, die wir verwenden, hat einen Kokosnussanteil von sechzig Prozent und ist damit ein qualitativ erstklassiges Produkt. Kokosmilch mit weniger Kokosnussanteil hat weniger Aroma und Geschmack, sie gerinnt beim Kochen schnell und bindet die Sauce schlechter.
-
Kurkuma
Wie Safran macht auch Kurkuma den Kuchen gelb. Nur ist dieses Gewürz einiges billiger als die edlen Stempel des Safrankrokus. Genannt wird es dennoch gelegentlich auch Safranwurzel. Kurkuma gehört wie Ingwer oder Galgant zu den Ingwergewächsen und wie diese zu den wichtigsten Gewürzwurzeln der asiatischen Küche. Zu finden ist es in fast allen Küchen der Tropen, längst hat es sich aber auch ausserhalb Asiens zu einem wichtigen Gewürz für die vegane und die vegetarische Küche gemausert.
-
Long Beans
Diese bis zu sechzig Zentimeter langen Bohnen sind in der asiatischen Küche weit verbreitet. Im Gegensatz zu den amerikanischen Gartenbohnen stammen sie aus dem asiatischen Raum. Langbohnen heissen sie auf deutsch oder auch Spargelbohnen. Den treffendsten Namen haben ihnen aber die Franzosen gegeben: «haricot kilomètre», Kilometerbohne. Auf englisch wird sie auch «snake bean» genannt. Die Langbohne ist die einzige Bohnenart, die auch roh gegessen werden kann.
-
Madras-Sauce
Die scharfe, hausgemachte Madras-Sauce von Hiltl ist die perfekte Würze für kräftige Gemüsecurries. Sie hat ihren Namen von der Hauptstadt des südindischen Bundesstaates Tamil Nadu, die erst 1996 in Chennai umbenannt wurde. Madras-Curries gehören zu den weltweit bekanntesten Curryvarianten. Der Begriff Curry ist übrigens auf das tamilische «kari» zurückzuführen, was wörtlich übersetzt Sauce bedeutet.
-
Maizena
Dieses aus Maisstärke gewonnene, natürliche Verdickungsmittel gehört in der europäischen Küche zu den wichtigsten Zutaten, um Saucen und Suppen zu binden. In der Schweiz wird Maizena vor allem auch zur leichten Verdickung von Käsefondue verwendet. Es lässt sich besser erhitzen als andere aus pflanzlichen Rohstoffen gewonnene Stärkemehle.
-
Mango-Apfel-Chutney
Dieses hausgemachte, süss-säuerliche Chutney aus Mangopulpe und Äpfeln eignet sich hervorragend zu frittierten und gebratenen Speisen.
-
Mangopulpe
Unsere Mangopulpe wird aus den reifen Früchten der «King of mangoes» hergestellt, wie die Alphonso-Mango auf englisch genannt wird. Wegen ihrer tieforangen, appetitlichen Farbe und ihres

intensiv tropisch-fruchtigen Geschmacks gehört sie nicht nur in ihren Hauptanbaugebieten Indien und Pakistan zu den beliebtesten Mangos, längst eilt ihr der Ruf als Edelmango auch in der Schweiz voraus. Die perfekte Pulpe übrigens, um Smoothies zu süssen und Lassis zu verfeinern.
-

Mungbohnen-Sprossen

Die Mungbohnen gehören zu den weltweit wichtigsten Hülsenfrüchten. Sie sind vielseitig verwendbar, unter anderem werden aus ihrem Mehl die asiatischen Glasnudeln hergestellt. Da ihre Sprossen jenen von Sojabohnen ähneln, werden sie oft mit diesen verwechselt; fälschlicherweise wurden sie selbst im Detailhandel über Jahre unter dieser Bezeichnung angeboten. Die erfrischend knackigen und schmackhaften Sprossen sind eine beliebte Zutat für traditionelle asiatische Gemüsegerichte und Salate. Obwohl die Mungbohne wahrscheinlich ursprünglich aus Indien stammt und dort seit Jahrtausenden zu den wichtigsten Grundnahrungsmitteln gehört, wird sie gelegentlich auch Jerusalembohne genannt.
-

Noix Gras

Ein edles Produkt, das mehr ist als ein einfacher Ersatz für Foie gras. Hergestellt wird diese zart gewürzte Terrine mit Cashew- und Pinienkernen sowie mit dem Fett und der Butter der Kokosnuss. Veredelt wird sie mit getrockneten Steinpilzen. Die perfekte Zutat zu frisch gebackenen Brioches. Hergestellt wird diese Delikatesse von Tobias Buholzer (www.noix-gras.ch).
-

Okara

Dieses Lebensmittel entsteht aus den unlöslichen Bestandteilen der Sojabohne, die übrigbleiben, wenn daraus Sojamilch oder Tofu gewonnen wird. Eingesetzt wird das geschmacksneutrale Okara nicht nur in der koreanischen oder der japanischen Küche, sondern zusehends auch für vegetarische Gerichte, als Tofuersatz oder als Teigzutat für Gebäcke sowie für Füllungen oder Burger-Massen.
-

Palmzucker

Aus den Blüten zahlreicher Palmarten wird dieser in Asien weitverbreitete und beliebte Zucker gewonnen. Charakteristisch ist sein Geschmack, der an Biermalz erinnert und auch über leichte Caramelnoten verfügt. Nicht zu verwechseln ist er mit dem Palmhonig, der aus den Früchten der Dattelpalme hergestellt wird. Palmzucker wird in der asiatischen und der vegetarischen Küche vielseitig verwendet. Er ist weit weniger süss als etwa Rohr- oder Rübenzucker. Erhältlich ist er in Form von kleinen Küchlein oder als feste Masse im Glas. Bevor man ihn verwendet, muss er zerkleinert werden.
-

Panko-Mehl

Diese japanische Variante des in Europa bekannten Paniermehls wird ausschliesslich aus der Krume des Weissbrots hergestellt, ohne dass die Kruste verwendet wird. Dadurch ist es weit heller als traditionelles Paniermehl und lässt sich auch knuspriger frittieren.
-

Quorn

Ein in der vegetarischen Küche erst seit den 1980er Jahren bekanntes Lebensmittel. Gewonnen wird es aus dem Myzel, den fadenförmigen Zellen eines Schimmelpilzes, die nach einem Fermentierungsprozess mit Eiweiss und Gewürzen vermischt und zu einem vielseitig verwendbaren Fleischersatz verarbeitet werden.
-

Randenpulver
Dieses aus getrockneten Randen oder roten Beeten gewonnene Pulver gehört noch immer zu den wenig verwendeten Gewürzen, hat aber dank der vegetarischen Küche einiges an Popularität gewonnen. Denn es eignet sich perfekt für Süssspeisen sowie insbesondere auch als Färbemittel für unzählige Curries und andere vegetarische Gerichte.

Räuchersalz
Unser Räuchersalz ist ein Steinsalz aus den Schweizer Rheinsalinen, das mit Raucharoma gewürzt wird.

Räuchertofu
Ähnlich wie geräucherter Ziger oder geräucherter Ricotta für die vegetarische Küche, eignet sich Räuchertofu perfekt für vegane Gerichte. Das schmackhafte Räucheraroma, das durch das behutsame Räuchern des marinierten Naturtofus über Buchenholz entsteht, harmoniert mit Gemüsen genauso wie mit Teigwaren. Räuchertofu lässt sich vielseitig marinieren und kann auch wunderbar auf dem Grill gebraten werden.

Ras el Hanout
Diese Krönung der Gewürzmischungen stammt ursprünglich aus Marokko und enthält in der Regel bis zu zwei Dutzend unterschiedliche Gewürze. Je nach Mischung verändert sich der Charakter dieses Gewürzes, obwohl einige Grundgewürze wie Muskat, Muskatblüte (Macis), Zimt, weisser Pfeffer, Nelken und Ingwerpulver in fast allen Mischungen vorhanden sind. Oft enthält es aber auch Kardamom und verschiedene getrocknete Gewürzblüten.

Rote Thai-Currypaste
Thailändische Curries werden fast ausschliesslich mit Gewürzpasten hergestellt, indische Currypulver sind in dem südostasiatischen Land so gut wie unbekannt. Die Farbe wird durch die Wahl der Chilis bestimmt, von der je nach Wahl der Chilisorte auch der Schärfegrad abhängt. Rote Curries sind in Thailand die populärsten. In der Hiltl Küche werden nebst der roten Thai-Currypaste auch die gelbe und grüne täglich frisch hergestellt.

Sambal Oelek
Bekannt geworden ist diese Chilipaste in der Schweiz in den 1980er Jahren als schärfende Zutat zu traditionellen indonesischen Gerichten wie Nasi oder Bami Goreng. Sambal wird mit Gewürzpaste übersetzt. In vielen Haushalten Indonesiens, aber auch anderer asiatischer Länder wie etwa Malaysia, wird Sambal aus frischen Chilis, viel Salz und zahlreichen anderen Gewürzen hergestellt. Teilweise werden die Zutaten miteinander gemörsert und frisch serviert, teilweise werden alle Gewürze zusammen in Öl geröstet, damit sich ihr Geschmack noch intensiver entwickelt. Es eignet sich hervorragend als schärfende Zutat zu Salaten, Dressings, Eintöpfen, Pastasaucen und Dips.

Seidentofu
Im Gegensatz zu festem Tofu wird Seidentofu nicht gepresst, sondern das Gerinnungsmittel wird direkt mit der Sojamilch in Förmchen abgefüllt, wodurch sich die besondere puddingartige Konsistenz ergibt. Die Zubereitung von Seidentofu gehört in Japan zur Kunst der Tofuherstellung, was sich auch im Preis widerspiegelt. Seidentofu wird vor allem als Zutat für Misosuppen verwendet, für Desserts, Dressings und für verschiedene Füllungen.

Sojahack
Dieser schmackhafte Hackfleischersatz ist bei uns in getrockneter Form oder frisch angefeuchtet erhältlich. Hergestellt wird es aus texturierten Sojafasern, die mit Gewürzen gemischt und durchgegart werden. Getrocknetes Sojahack wird in Bouillon aufgekocht und wie Hackfleisch mit Gewürzen und Kräutern veredelt.

-

Sojajoghurt
Hergestellt wird dieses vegane Joghurt aus Sojamilch und Joghurtbakterien, bevor es mit einem veganen Gelier- oder Stärkemittel fester gemacht wird.

-

Sojasauce (Tamari)
Wir verwenden ausschliesslich eine Sojasauce, die ohne Zutat von glutenhaltigem Weizen hergestellt wird. Bei der Tamari, wie diese Sojasauce auch genannt wird, handelt es sich um eine stark würzige und speziell gelagerte Gewürzsauce, die in der gesamten asiatischen Küche sehr vielseitig eingesetzt werden kann.

-

Sweet-Chili-Sauce
Süsssaure Chilisaucen gehören zur traditionellen asiatischen Küche, die sehr vielseitig mit den Gegensätzen von Säure und Zucker spielt. Sie eignen sich insbesondere als Dip zu Frühlingsrollen, Spiesschen oder Gemüseplätzchen, können aber auch in Currygerichten verwendet werden oder als einfache Zutat etwa zu Jasminreis.

-

Tabasco
Dabei handelt es sich um eine der populärsten Chiliarten, die im Gegensatz zu vielen der Tausenden von Chilisorten nicht aus Mexiko, sondern aus den USA stammt. Die ursprüngliche Tabascosauce ist sehr scharf; sie ist vor allem als Würze für die «Bloody Mary» bekannt geworden. Heute gibt es aber auch mildere Varianten dieser Sauce, die etwa aus süsslich-scharfen Jalapeño-Chilis hergestellt werden.

-

Tamarindenpaste
Indische Sauerdattel wird die Tamarinde auch genannt. Sie gehört in ganz Asien zu den wichtigsten Gewürzzutaten, vor allem für süsssaure Gerichte. Frische Tamarinden sind sehr schwierig zu verarbeiten, weshalb grösstenteils die fertige, von Schale und Fruchtfäden befreite Tamarindenpaste verwendet wird. Wegen ihres hohen Säuregehalts eignet sich die Tamarinde auch als Zitronenersatz.

-

Tandoori Masala
Traditionellerweise wird diese urtypische indische Gewürzmischung als Marinade für Fleischgerichte verwendet, die im Tandoori-Ofen zubereitet werden. Sie eignet sich aber auch hervorragend als Gewürzmarinade für Quorn, Seitan oder Tofu. Zu den Grundzutaten gehören klassische indische Gewürze wie die Koriander- und die Kreuzkümmelsamen oder getrocknete Chilis.

-

Tempeh
Gekochte Sojabohnen sind die Grundzutat für diese in Indonesien weitverbreitete Fleischalternative. Die gekochten Sojabohnen werden in Form gepresst, mit Schimmelpilzen geimpft und dadurch einem Fermentationsprozess unterworfen, dessen Endprodukt eine hochwertige Eiweissquelle mit feinem nussigem Aroma ist. Es eignet sich gut zum Braten, Grillieren und Frittieren, weil Tempeh dadurch eine sehr knusprige Konsistenz erhält. Vorab wird es meist mit würzigen Marinaden noch schmackhafter gemacht, ohne dabei seinen pilzig-nussigen Geschmack zu verlieren.

-

Teriyaki-Sauce

Diese traditionelle japanische Sauce aus Honig, Zucker, Soja und süssem, leicht alkoholhaltigem Reiswein (Mirin) wird als Marinade für eine Palette klassischer japanischer Gerichte verwendet. Gemüse lässt sich damit schmackhaft marinieren, bevor es gebraten, grilliert oder geschmort wird.

—

Tofu (nature)

Unser Nature-Tofu wird in der Schweiz in Bio-Qualität hergestellt. Tofu wird in einem Verfahren gewonnen, das der Käseherstellung ähnelt. Die aus den Sojabohnen gewonnene Milch wird erhitzt und zum Gerinnen gebracht, so dass eine Art Sojabohnen-Quark entsteht. Die Hauptunterschiede zwischen den verschiedenen Tofuarten entstehen vor allem durch unterschiedliche Pressmethoden, durch die der Bohnenmasse unterschiedlich viel Flüssigkeit entzogen wird.

—

Tofu à la minute

Bei uns sind vorfrittierte Würfelchen unseres Nature-Tofus erhältlich. Sie behalten ihre Festigkeit und eignen sich vor allem für Thai-Curries, Pastasaucen oder Geschnetzeltes. Das perfekte Produkt für die schnelle Küche.

Tikka Masala

Aus dieser beliebten indischen Gewürzmischung wird auch ein gleichnamiges Gericht zubereitet. Ursprünglich entstand es als «Chicken Tikka Masala» in Grossbritannien. Dafür werden marinierte Fleischstücke am Spiess im Tandoori-Ofen gebraten und anschliessend in einer würzigen Tomatensauce serviert. Die Gewürzmischung der Marinade für dieses Gericht kann auch für Seitanschnitzel oder Gemüse verwendet werden. Sie enthält unter anderem Tomaten, Zwiebeln, Ingwer, Paprika, Kurkuma und Kreuzkümmel.

Udon

Die dicken, aus Weizengriess hergestellten Nudeln gehören zu den unzähligen Teigwarenklassikern der japanischen Küche und sind die perfekte Einlage für schmackhafte Nudelsuppen. Ursprünglich dürften sie aus China stammen. Gemeinsam mit Soba (Buchweizennudeln) und Somen (dünne Weizennudeln) gehören sie zu den heute weitverbreitetsten (japanischen) Suppennudeln überhaupt.

—

Vegane Margarine

Die aus pflanzlichen Fetten hergestellte Hiltl Margarine enthält im Gegensatz zu vielen anderen Margarinen keine Bestandteile tierischer Fette. Sie kommt Butter von der Konsistenz und vom Geschmack her am nächsten und eignet sich perfekt für alle Anwendungen in der Küche, für die man auch Butter benötigt.

—

Vegane Tofumarinade

Die in der Hiltl Küche hergestellte Hausmarinade aus rein veganen Lebensmitteln und ohne allergenhaltige Zutaten ist die perfekte Würze etwa für Tofu, Seitan oder Tempeh. Sie wird im Hiltl vielseitig verwendet.

—

Vegane Reismayonnaise

Hergestellt wird unsere vegane Mayonnaise ohne Eier und, wie der Name sagt, auf der Basis von Reismehl. Wir verwenden dafür ausschliesslich schmackhaftes Rapsöl.

—

Vegane Wiener Würstchen

Unsere «Wienerli» werden auf der Basis von Weizen-Seitan hergestellt und sind mit den klassischen Wienerli-Gewürzen veredelt. Wie traditionelle Wienerli werden sie auf Buchenholz geräuchert.

Veganer Frischkäse
Geschmacklich ist unser veganer Frischkäse kaum von einem Käse aus Kuhmilch zu unterscheiden. Dank seiner cremigen Textur kann er wie ein traditioneller Frischkäse verwendet werden. Wird er etwa beim Backen erhitzt, sollte man ihn aber etwas grosszügiger verwenden als einen Kuhmilchfrischkäse.
-

Veganer Thunfisch
Hergestellt und gewürzt wird dieses Lebensmittel mit Sojafasern, Seetangbouillon, Sojaöl und Sojasauce sowie mit süssem, leicht alkoholhaltigem Reiswein (Mirin). Der vegane Thunfisch eignet sich für Thunfischbrötchen, als Dip oder auch für einen klassischen Thunfischsalat.
-

Veganes Entenfilet
Dieses von der Konsistenz dem Entenbrüstchen sehr ähnliche Produkt wird auf der Basis von Weizen-Seitan hergestellt und mit Sojasauce und kräftigen Gewürzen mariniert.
-

Veganes Rindsfilet
Das vegane Rindsfilet wird aus Sojafasern, Shiitake-Pilzen, Maisstärke und Gewürzen hergestellt und eignet sich zum Braten oder zum Grillieren. Bei uns ist es auch in Form von Filetstreifen erhältlich. Der Shiitake gehört zu den meistangebauten Pilzen weltweit. Gezüchtet wird er, indem sein Myzel (die unsichtbaren Fäden des Pilzes) in Holz gespritzt wird; zu finden ist er aber auch wild.
-

Vegetarischer Cervelat
Unser vegetarischer Cervelat wird aus Eiweiss und Soja hergestellt und mit traditionellen Cervelat-Gewürzen verfeinert und anschliessend kurze Zeit heiss geräuchert.
-

Vegane Stir-Fry-Sauce
Diese mit den klassischen Fischsaucen vergleichbare Flüssigwürze wird aus Sojasauce, Sojabohnen, Maisstärke und Zuckermelasse hergestellt und mit verschiedenen Gewürzen veredelt.
-

Veggie-Balls
Ein weiterer Hiltl Klassiker. Die Hackbällchen bestehen aus Sojahack, das mit Eiweiss gebunden und dann mit Gewürzen verfeinert wird.
-

Weizen-Seitan
Für Vegetarier und Veganer gehört Seitan stärker noch als Quorn zu den beliebtesten Fleischalternativen. Dieses aus dem Eiweiss des Weizens hergestellte Lebensmittel hat seinen Ursprung in der asiatischen Zen-Küche. Produziert wird es mit Weizenmehl und Wasser, in einem Verfahren, durch das die Weizenstärke ausgewaschen wird. Von Natur aus hat es kaum Geschmack, weshalb Seitan mit traditionellen asiatischen Gewürzen wie Algen und Sojasauce verarbeitet und gegart wird. Seine Konsistenz kommt Fleisch sehr nahe. Es ist perfekt formbar, ob als Schnitzel, Wurstmasse oder Geschnetzeltes. In der Hiltl Vegi-Metzg wird Seitan in Schinkenform angeboten, er kann im Block oder auch in Scheiben gekauft werden.
-

Zitronengras
Dieses tropische Süssgras verfügt über einen unverkennbar zitronenähnlichen Geschmack und gehört zu den wichtigen Gewürzen der asiatischen Küche. Es gibt zwar auch getrocknetes Zitronengras, doch eignet sich dieses eher für Tee, da durch die Trocknung ein Teil seines wundervollen Geschmacks verloren geht. Verwendet werden sollte es in der Küche vor allem frisch. Fein gehackt und geschnitten kann es trotz seiner Festigkeit auch mitgegessen werden. Die Zitronengrasstiele eig-

nen sich aber auch als würzige Spiesschen, auf die sich zahlreiche Zutaten stecken lassen.

Züri Geschnetzeltes
Einer der beliebtesten Hiltl Favoriten, zubereitet auf veganer Basis mit Seitan-Geschnetzeltem, Champignons, veganem Rahm, Zwiebeln, Weisswein und Gewürzen. Passt wie seine konventionelle Fleischvariante perfekt zu einer knusprigen Kartoffel-Rösti.

Sämtliche Fleisch- oder Fisch-Bezeichnungen sind in diesem Buch vegetarisch oder vegan.

Alle Produkte sind in der Hiltl Vegi-Metzg in Zürich erhältlich und teilweise online unter shop.hiltl.ch

ZUTATENREGISTER

A
Ananas
Paneer Tikka   128 | 129
Apfel
Bollywood Sandwich   96 | 97
Chicken Salad   80 | 81
Gehacktes mit Hörnli   40 | 41
Köttbullar   46 | 47
Noix Gras   20 | 21
Aubergine
Auberginen-Piccata   14 | 15
Hiltl Tatar   12 | 13
Panaeng-Curry   68 | 69
Avocado
Club Sandwich   82 | 83

B
Blätterteig
Schinkengipfeli   94 | 95
Wurstweggen   104 | 105
Brot (altbacken)
Hackbällchen mit Tomatensauce   62 | 63
Hiltl Hackbraten   52 | 53
Köttbullar   46 | 47

C
Chinakohl
Thailändischer Laab   100 | 101
Cornflakes
Crispy Tofu-Melonen-Spiesse   84 | 85

E
Eisbergsalat
Bollywood Sandwich   96 | 97
Chicken Salad   80 | 81
Club Sandwich   82 | 83
Essiggurke
Club Sandwich   82 | 83
Free Willy Sandwich   102 | 103

Hiltl Burger   54 | 55
Hiltl Tatar   12 | 13
Knusperli mit Sauce Tartar   90 | 91
Stroganoff   58 | 59
Wurst-Käse-Salat   106 | 107

F
Frühlingszwiebel
Pad Thai   64 | 65
Tofu Ceviche   28 | 29
Thai-Salat   98 | 99

G
Galgant
Grüne Thai-Currypaste   66 | 67
Rote Thai-Currypaste   120 | 121
Gurke (Salatgurke)
Orientalisches Seitan   124 | 125
Tofu Ceviche   28 | 29

I
Ingwer
Crevetten-Spiesse   122 | 123
Noix Gras   20 | 21
Teriyaki Udon Noodles   70 | 71
Tofu Tikka Masala   72 | 73
Zitronengras Tempeh   116 | 117

K
Kabis
Hiltl Burger   54 | 55
Kapern
Free Willy Sandwich   102 | 103
Hiltl Tatar   12 | 13
Knusperli mit Sauce Tartar   90 | 91
Vegi Tonnato   16 | 17
Kaffirlimettenblätter
Thai-Salat   98 | 99
Thailändischer Laab   100 | 101

Zitronengras Tempeh	116 | 117
Rote Thai-Currypaste	120 | 121
Grüne Thai-Currypaste	66 | 67
Panaeng-Curry	68 | 69

Karotte
Bœuf Bourguignon	48 | 49
Gehacktes mit Hörnli	40 | 41
Hiltl Burger	54 | 55
Rotweinsauce	50 | 51
Teriyaki Udon Noodles	70 | 71
Thailändischer Laab	100 | 101

Kartoffel
Crab Cake	26 | 27
Hiltl Hackbraten	52 | 53
Kartoffelsalat mit Wienerli	88 | 89

Käse
Auberginen-Piccata	14 | 15
Cordon bleu	42 | 43
Wurst-Käse-Salat	106 | 107

Klebreis
Thailändischer Laab	100 | 101

Knollensellerie
Bœuf Bourguignon	48 | 49
Gehacktes mit Hörnli	40 | 41
Rotweinsauce	50 | 51

Kokosmilch
Panaeng-Curry	68 | 69
Satay-Spiesse	118 | 119
Tod Man	32 | 33

L

Lauch
Quiche Lorraine	24 | 25

Long Beans
Panaeng-Curry	68 | 69
Thailändischer Laab	100 | 101

M

Magerquark
Orientalisches Seitan	124 | 125

Maiskölbchen
Panaeng-Curry	68 | 69

Mango/Mangopulpe
Bollywood Sandwich	96 | 97
Jerk Tempeh	114 | 115
Noix Gras	20 | 21
Tofu Teriyaki mit Spiced Mango	126 | 127

Meerrettich
Club Sandwich	82 | 83
Hiltl Burger	54 | 55

Mungbohnen-Sprossen
Pad Thai	64 | 65
Teriyaki Udon Noodles	70 | 71

Melone
Crispy Tofu-Melonen-Spiesse	84 | 85

N

Nature-Joghurt
Bollywood Sandwich	96 | 97
Chicken Salad	80 | 81
Paneer Tikka	128 | 129
Tofu Tikka Masala	72 | 73
Vegi Tonnato	16 | 17

Nudeln
Gehacktes mit Hörnli	40 | 41
Pad Thai	64 | 65
Spaghetti Carbonara	56 | 57
Teriyaki Udon Noodles	70 | 71

Nüsse
Pad Thai	64 | 65
Panaeng-Curry	68 | 69
Satay-Spiesse	118 | 119
Teriyaki Udon Noodles	70 | 71

O

Okara
Crab Cake	26 | 27
Hackbällchen mit Tomatensauce	62 | 63

Hiltl Burger	54 | 55	Hackbällchen mit Tomatensauce	62 | 63
Hiltl Hackbraten	52 | 53	Hiltl Burger	54 | 55
Hiltl Tatar	12 | 13	Hiltl Hackbraten	52 | 53
Köttbullar	46 | 47	Hiltl Tatar	12 | 13
Sojamilch, Okara & Tofu	134 | 135	Köttbullar	46 | 47
		Orientalisches Seitan	124 | 125

P
Palmzucker
Satay-Spiesse 118 | 119
Tofu Tikka Masala 72 | 73
Pak Choi
Teriyaki Udon Noodles 70 | 71
Paneer
Paneer 138 | 139
Paneer Tikka 128 | 129
Peperoni
Paneer Tikka 128 | 129
Stroganoff 58 | 59
Pilze
Köttbullar 46 | 47
Portobello Road Sandwich 92 | 93
Stroganoff 58 | 59
Teriyaki Udon Noodles 70 | 71
Züri Geschnetzeltes 44 | 45

Q
Quorn
Bollywood Sandwich 96 | 97
Chicken Salad 80 | 81
Club Sandwich 82 | 83
Panko-Sticks 30 | 31
Satay-Spiesse 118 | 119
Tod Man 32 | 33
Vegi Tonnato 16 | 17

R
Randenpulver
Bollywood Sandwich 96 | 97
Flammkuchen 18 | 19

Räuchersalz
Flammkuchen 18 | 19
Hiltl Burger 54 | 55
Räuchertofu
Cordon bleu 42 | 43
Flammkuchen 18 | 19
Quiche Lorraine 24 | 25
Schinkengipfeli 94 | 95
Spaghetti Carbonara 56 | 57
Reis
Thailändischer Laab 100 | 101
Reismayonnaise (vegan)
Chicken Salad 80 | 81
Club Sandwich 82 | 83
Free Willy Sandwich 102 | 103
Hiltl Burger 54 | 55
Jerk Tempeh 114 | 115
Knusperli mit Sauce Tartar 90 | 91
Portobello Road Sandwich 92 | 93
Vegi Tonnato 16 | 17

S
Seitan
Cordon bleu 42 | 43
Knusperli mit Sauce Tartar 90 | 91
Orientalisches Seitan 124 | 125
Panaeng-Curry 68 | 69
Seitan 136 | 137
Stroganoff 58 | 59
Züri Geschnetzeltes 44 | 45
Sojahack
Gehacktes mit Hörnli 40 | 41
Hackbällchen mit Tomatensauce 62 | 63

Hiltl Burger	54 | 55
Hiltl Hackbraten	52 | 53
Köttbullar	46 | 47
Thailändischer Laab	100 | 101
Sojajoghurt	
Orientalisches Seitan	124 | 125
Sojamilch	
Crispy Tofu-Melonen-Spiesse	84 | 85
Sojamilch, Okara & Tofu	134 | 135
Spinat	
Free Willy Sandwich	102 | 103
Stangensellerie	
Chicken Salad	80 | 81

T

Tamarindenpaste	
Pad Thai	64 | 65
Zitronengras Tempeh	116 | 117
Tempeh	
Jerk Tempeh	114 | 115
Zitronengras Tempeh	116 | 117
Tofu	
Crispy Tofu-Melonen-Spiesse	84 | 85
Pad Thai	64 | 65
Sojamilch, Okara & Tofu	134 | 135
Tofu Ceviche	28 | 29
Tofu-Paillard	60 | 61
Tofu Teriyaki mit Spiced Mango	126 | 127
Tofu Tikka Masala	72 | 73
Tomate	
Club Sandwich	82 | 83
Hackbällchen mit Tomatensauce	62 | 63
Hiltl Burger	54 | 55
Paneer Tikka	128 | 129
Portobello Road Sandwich	92 | 93
Thai-Salat	98 | 99
Tofu Tikka Masala	72 | 73
Wurst-Käse-Salat	106 | 107

V

Vegane Crevetten	
Crevetten-Spiesse	122 | 123
Veganer Frischkäse	
Flammkuchen	18 | 19
Veganes Entenfilet	
Teriyaki Udon Noodles	70 | 71
Veganes Rindsfilet / Filetstreifen	
Bœuf Bourguignon	48 | 49
Thai-Salat	98 | 99
Vegane Saucencrème	
Köttbullar	46 | 47
Schinkengipfeli	94 | 95
Stroganoff	58 | 59
Wurstweggen	104 | 105
Züri Geschnetzeltes	44 | 45
Veganer Speck	
Club Sandwich	82 | 83
Veganer Thunfisch	
Crab Cake	26 | 27
Free Willy Sandwich	102 | 103
Vegi Tonnato	16 | 17
Vegane Wiener Würstchen	
Kartoffelsalat mit Wienerli	88 | 89
Wurstweggen	104 | 105
Vegane Würstchen fränkische Art	
Currywurst	86 | 87
Vegetarischer Cervelat	
Wurst-Käse-Salat	106 | 107

Z

Zitronengras	
Crevetten-Spiesse	122 | 123
Rote Thai-Currypaste	120 | 121
Thailändischer Laab	100 | 101
Thai-Salat	98 | 99
Zitronengras Tempeh	116 | 117

REZEPTVERZEICHNIS

A
Auberginen-Piccata 14 | 15

B
Bœuf Bourguignon 48 | 49
Bollywood Sandwich 96 | 97
Brioche 22 | 23
Hiltl Burger 54 | 55

C
Chicken Salad 80 | 81
Club Sandwich 82 | 83
Cocktailsauce 82 | 83
Coleslaw 54 | 55
Cordon bleu 42 | 43
Crab Cake 26 | 27
Crevetten-Spiesse 122 | 123
Crispy Tofu-Melonen-Spiesse 84 | 85
Currywurst 86 | 87

F
Flammkuchen 18 | 19
Free Willy Sandwich 102 | 103

G
Gehacktes mit Hörnli 40 | 41
Grüne Thai-Currypaste 66 | 67

H
Hackbällchen mit Tomatensauce 62 | 63
Hiltl Hackbraten 52 | 53

I
Ingwer-Limetten-Marinade 122 | 123

J
Jerk Tempeh 114 | 115

K

Kartoffelsalat mit Wienerli	88 | 89
Kartoffelstampf	52 | 53
Knoblauch-Kokos-Marinade	118 | 119
Knusperli mit Sauce Tartar	90 | 91
Köttbullar	46 | 47

M

Mango-Apfel-Chutney	20 | 21
Mango-Cocktailsauce	114 | 115

N

Noix Gras mit Sülze und Chutney	20 | 21

O

Orientalisches Seitan	124 | 125

P

Pad Thai	64 | 65
Panaeng-Curry	68 | 69
Paneer	138 | 139
Paneer Tikka	128 | 129
Panko-Sticks	30 | 31
Portobello Road Sandwich	92 | 93

Q

Quiche Lorraine	24 | 25

R

Rotweinsauce	50 | 51
Rote Thai-Currypaste	120 | 121

S

Satay-Sauce	118 | 119
Satay-Spiesse	118 | 119
Schinkengipfeli	94 | 95
Seitan	136 | 137
Sojamilch, Okara & Tofu	134 | 135
Spaghetti Carbonara	56 | 57
Stroganoff	58 | 59
Sweet-Chili-Sauce	116 | 117

T

Tamarinden-Marinade	116 | 117
Hiltl Tatar	12 | 13
Teriyaki Udon Noodles	70 | 71
Thailändischer Laab	100 | 101
Thai-Salat	98 | 99
Tod Man	32 | 33
Tofu	134 | 135
Tofu Ceviche	28 | 29
Tofu-Paillard	60 | 61
Tofu Teriyaki mit Spiced Mango	126 | 127
Tofu Tikka Masala	72 | 73

V

Vegane Tofu-Marinade	30 | 31
Vegi Tonnato	16 | 17

W

Wurst-Käse-Salat	106 | 107
Wurstweggen	104 | 105

Z

Zitronengras Tempeh	116 | 117
Züri Geschnetzeltes	44 | 45

HILTL VEGI-METZG

Das grüne Fleisch aus der Metzgerei

Gleich neben dem Haus Hiltl an der St. Annagasse 18 in Zürich lädt der Hiltl Laden mit der ersten vegetarischen Metzgerei der Schweiz im edlen Tante-Emma-Stil zum Entdecken und Geniessen ein. An der Metzgertheke ist «Vegi-Fleisch» aus Tofu, Seitan, Quorn oder Tempeh in den unterschiedlichsten Farben und Formen erhältlich. Im Offenverkauf werden zudem hausgemachte Köstlichkeiten wie das Hiltl Cordon bleu, das Züri Geschnetzelte mit Seitan oder das berühmte Hiltl Tatar angeboten. Nebst ausgesuchter vegetarischer und veganer Feinkost steht ein vielseitiges Grab & Go-Sortiment an Hiltl Spezialitäten zur Verfügung: knackige Salate, feine Sandwiches, frisch gepresste Säfte und ausgesuchte Desserts. Im stilvoll eingerichteten Laden sind selbstverständlich auch die Hiltl Kochbücher und ein grosses veganes Weinsortiment zu finden. Denn vegetarische Weine sind gar keine Selbstverständlichkeit, werden die meisten noch immer mit Eiklar oder Fischblasen geschönt. Exotische Gewürze, auserlesene Delikatessen und fast alle Produkte, die in den Rezepten von «Meat the Green» verwendet werden, ergänzen das vielfältige Angebot für alle Liebhaber der vegetarischen und veganen Küche.

Natürlich sind die Hiltl Köstlichkeiten aus der Vegi-Metzg auch online erhältlich: *shop.hiltl.ch*

Events in der Metzgerei

Mit seiner Raumhöhe von fünf Metern, einer schönen Galerie und dem unverwechselbaren Hiltl Innendesign kann der Hiltl Laden auch als Eventlocation für einen edlen Apéro mit Häppchen und DJ gemietet werden.

Hiltl Laden
Feinkost & Vegi-Metzg
St. Annagasse 18
8001 Zürich

www.hiltl.ch

HILTL

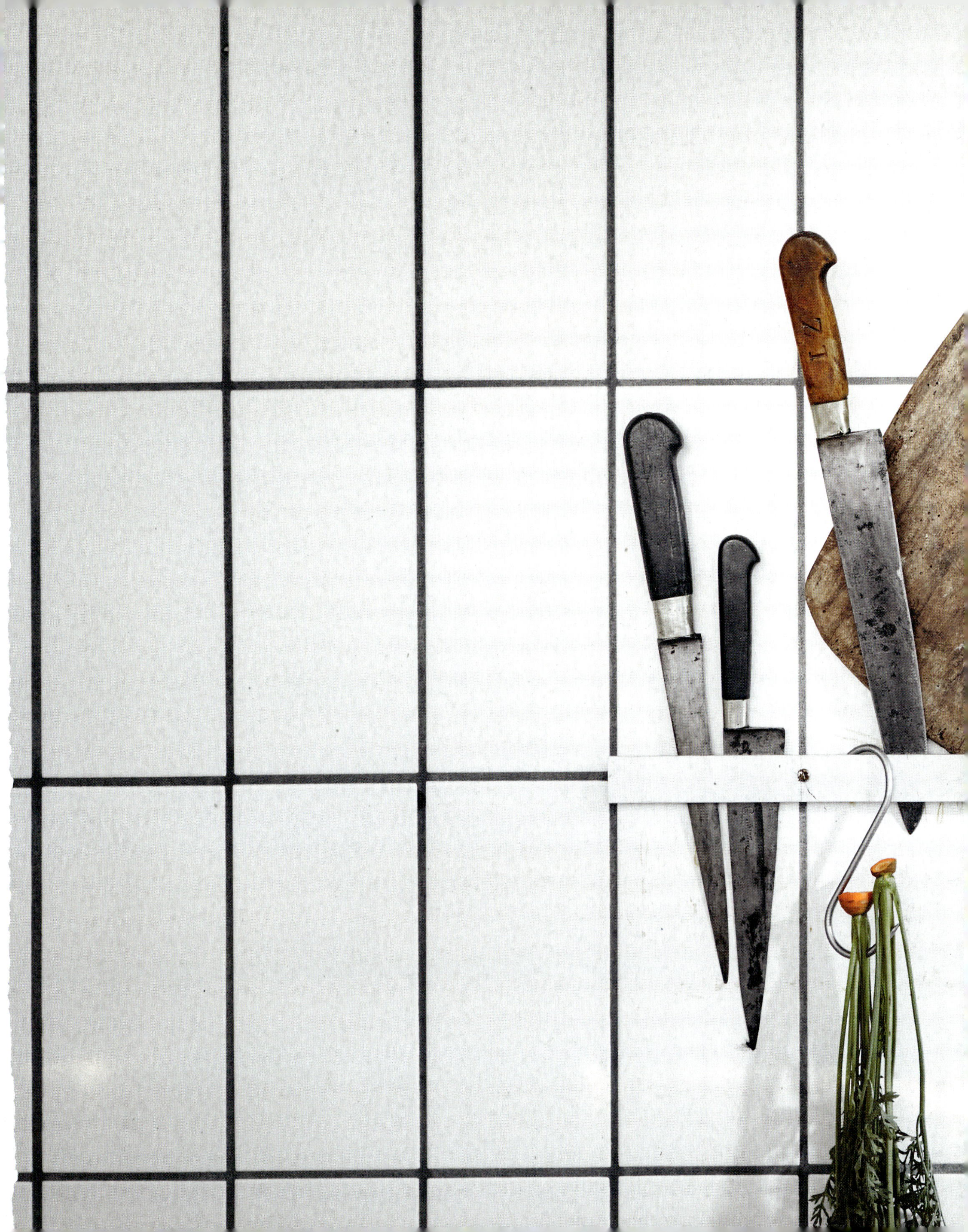

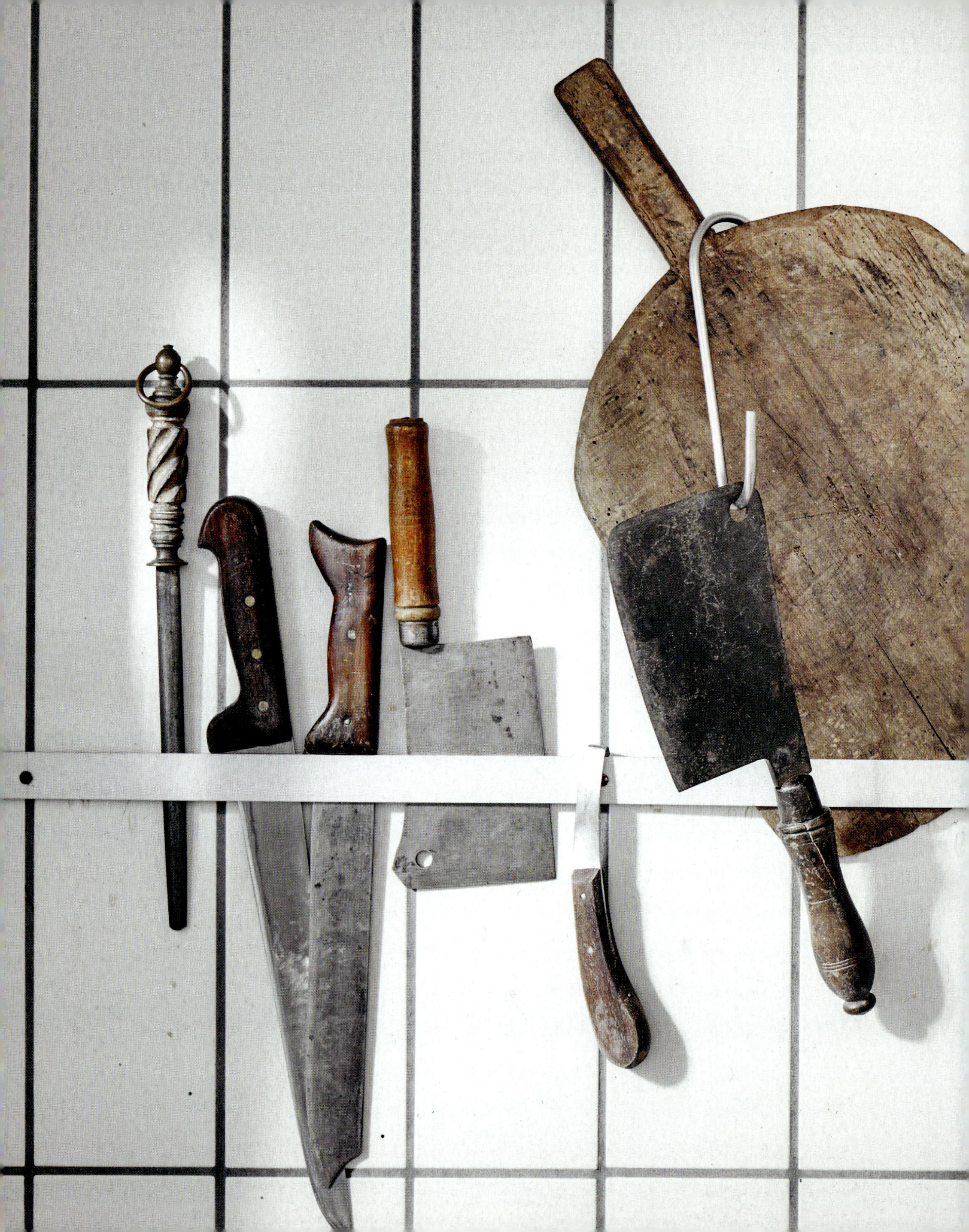